教員のミカタ

「理不尽」をやっつける柔軟な思考と現場の力

赤田圭亮
akada keisuke

言視舎

まえがき

この2022年5月、国会で教育公務員特例法と教員免許法の改正案が通過した。これで2009年から現場の教員を縛り続けた免許更新制が事実上廃止されたことになる。10年余しか継続できず、現場では評判の悪しきことこの上なかった粗悪な政策、本来ならその制度設計のまずさを総括すべきところだが、行政は常に無謬だ。ミスを認めない。3万円の自腹の費用と30時間の講習を義務付けるこの制度が、どれほど学校現場の動きを鈍化させ、教員の働く意欲を奪ったか。彼らはそんなことに耳を貸さない。

「本法律は、公立の小学校等の校長及び教員の任命権者等による研修等に関する記録の作成並びに資質の向上に関する指導及び助言等に関する規定を整備し、普通免許状及び特別免許状の更新制を発展的に解消するものです。」と文科省はいう。「発展的解消」のことばには苦笑を禁じ得ないどころか怒りすら感じる。こういうのを〝転んでもただでは起きない〟というのではないか。

転んだ原因など全く検証せず、起き上がったときに彼らが握っていたのは、教員生活を通じての研修の継続と強化だ。教員一人ひとりごとに研修の詳細な記録を作成すること、校長は教員に対しそれぞれに応じた具体的な研修について継続的に指導助言をすること。めざされるのは「個別最適化」された研修計画とその実施ということだ。

ＧＩＧＡスクール構想は子どもたちに一人一台の端末を配布することから始まったが、そこでもくろまれているのは子どもたちの学習履歴のデータの蓄積である。ＡＩ（人工知能）を使った分析で、家族構成や世帯収入などの情報と合わせて、子どもたちを一括管理、「個別最適化」されたデータをもとに入試や就職などの選択につなげるという。

学習を研修に置き換えれば教員管理も同じである。そこに抜け落ちているのは、人と人が向き合った時に互いに感受するデータ化できない曖昧模糊とした情報である。関係の中でしかつくりあげられない人間的な営みである。それは容易に蓄積や積み上げなどできず、常に相対的で可変的なものだ。人としての育ちはそれほどに不定形で深く広がりのあるもののはずだ。

今後の教育改革、教員管理の流れの分水嶺は、明らかにこの子どもから教員に至るデジタル化の波にある。本書の結語は、今後のデジタル化の流れを見極め、常に批判的に検証していくことに尽きる。

本書の成り立ちについて少しだけ。

前著『教育改革とは何だったのか』以降の原稿をまとめるつもりはないかと、声をかけてくださったのは、フリージャーナリストの佐藤幹夫さんだ。佐藤さんを介して言視舎の杉山尚次さんと知己を得た。ほぼ10年の間に書いた原稿は未整理で、分量も内容もばらばらなものを、杉山さんが丁寧に全体に目を通してくださった。原稿の取捨選択や全体構成、タイトルまでもすべて杉山さんの仕事であって、私は上がってきたゲラに若干の改稿を施したに過ぎない。まとめを企図して書いたものではない乱雑な原稿が、こうして1冊の本としてかたちにしていただけたのは筆者にとって望外の喜びであり、杉山さんには心から感謝の言葉をお伝えしたい。

佐藤幹夫さんには、仲介の労をとっていただいただけでなく、長きにわたって主宰する『飢餓陣営』への出稿を促してくださるなどいつも気にかけていただいている。お会いしたことは数えるほどしかないのに、書かれた膨大な著作にはいつも大きな示唆を受けてきた。私にとっては背中を見て進む先達のお一人である。心から感謝の気持ちをお伝えしたい。

中学の教員を続けながら40年以上もの間、私は少数派の労組の活動家だった。原稿の執筆は、教員の仕事と組合活動の間のわずかな時間とならざるをえなかった。原稿の最初の読者は、いつも妻の眞知子だった。執筆に難渋するとき、彼女の励ましに何度背中を押されたかわからない。遅きに失した感なきにしもあらずだが、ここに感謝の気持ちを記しておきたい。

教員のおかれた状況が改善される兆しは、残念ながら見えない。コロナ禍の勢いがやや弱体化した今、教員の労働はまた以前のように戻りつつある。在校等時間の上限規制などなんのその、学校は元の木阿弥どころかさらにブラックさの濃度をあげ、濃い闇に包まれようとしている。

〝教員のミカタ〟などと公言するのは正直少し面映ゆいものがある。しかし一介の教員として歩いてきた人生だ。同じような人生を歩む教員に対し、ミカタだよと云うことに何を憚ることがあろうかという思いもある。子どものミカタはたくさんいるが、教員のミカタは少ない。だからあえて私はつぶやいてみる。「子どもより教員が大事」。
負けるな教員、フレーフレー教員である。

2022年6月30日

目次

まえがき　3

Ⅰ　**学校で生き抜くために**　11

「いびつ」な学校に臨んで――教員「わいせつ行為『処分』」からみえてきたもの　12
不寛容の学校　41
東須磨小学校の教員いじめを内なるものとして見つめる　77
Q＆A　パワハラなんて怖くない！　93

Ⅱ　**現場をないがしろにする「教育改革」**　99

工場化する学校――終わりなき教育改革と「チーム学校」、そして「部活」　100
教員の長時間労働を招いた「日本型総合的指導」と「チーム学校論」　141
「変形労働時間制」を導入しても超過勤務は減らない　150
道徳教育は必要か？　160
Q＆A　「法律が変わった」とウソをつく上司　169

Ⅲ 学校的「事件」の本質 175

「誰でもいい、殺してみたかった」 176
学校という空間、教師と生徒という関係――池谷孝司『スクールセクハラ』を読みながら 184
「生活記録ノート」はなぜ届かなかったのか――いじめ「対策」因果な堂々巡り 194
不登校の子どもをもてあます親たち 208
Q&A メール打ちを注意したら、生徒に蹴られました 223

Ⅳ 懲りない「改革」 227

コロナ禍の学校から「GIGAスクール構想」を考える 228
Q&A 体重や身長って個人情報じゃないんですか？ 265

Ⅰ　学校で生き抜くために

「いびつ」な学校に臨んで
教員「わいせつ行為『処分』」からみえてきたもの

▼ある教員の処分

減給3カ月10分の1。この処分が重いか軽いか、適法か否か。

横浜で下されたこの小さな処分に、私はこの国の学校が抱える、ある病理を見る。

世間では、教育委員会の権限を首長に移すとか、道徳を教科化するとか、はたまた学力テスト結果を公表すべきか否かなど種々の、いわゆる教育改革論議が、2000年代初頭を上回る勢いで行なわれている。しかし一方で、全国の学校では何事もないかのように、日々「教育」が営まれ、それは途切れることはない。その時々の政権と野党の相克の中で行なわれる論議がどれほどドラスティックなものであれ、学校のリアリズムは、朝に始まり、夕方には（あるいは深夜に）終わる、その繰り返しの時間の中にある。政治家や官僚の丁々発止のやり取りに比べ、変哲のない繰り返しではあるのだが、それは意外に強固で簡単には崩れない。だから、さまざまな教育改革がその理念の当否は別として、安易に学校の変化につながらないのはそのためである。そのことを知ってか知らぬか、教育改革論議は、まるで麻薬の禁断症状のように、机上でどんどんエスカレートしていく。6・3・3制の改変や小中一貫教育など、根拠や必然性のないものまで、思いつきのように出されてくる。この10年、学校に持ちこまれた「改革」は、学校の中で収まる場所のないままいびつに存在しているのである。

うまくいかない教育改革と、今世紀に入ってのこの社会の変容があいまって、学校はゆっくりだが、そのいびつさを増長させているように私には見えるのである。そうしてその増長が、日常に滔々と流れる時間を一瞬切り裂くことがある。この処分は、その小さな裂痕である。

本論考では、この処分を巡って、教育委員会を含めた学校がどのように動いたかを確かめながら、今学校に広がる「いびつさ」について言及していきたい。

▼これはわいせつ行為か

処分説明書には、次のように記されている。

「あなたは、平成二四年九月一六日（日）から平成二五年九月二四日（火）までの間、顧問を務める運動部に所属する女子生徒に救護措置を行う際、当該生徒の身体に触れる等の行為を複数回行い、強い不快感を抱かせた。／かかる行為は、児童生徒に対して社会の規範を教え諭す立場にある教育公務員の信用を著しく傷つける行為であり、全体の奉仕者たるにふさわしくない非行である。／よって、地方公務員法（昭和二五年法律第二六一号）第一項第一号及び第三号の規定により頭書の処分に伏すものである。」

これだけを読めば、「また、教員のわいせつ問題か」と思われるのは、致し方のないことかも知れない。処分を報じた6紙のうち、2社が「わいせつで教諭処分」（毎日）「女子生徒の体触る」（産経）とタイトルを打った。私たちは、「救護措置と市教委は認定しているではないか」と抗議をしたが、新聞社の窓口担当者は「世間でそうは受け止めないでしょう。わいせつ事案と見るのでは」と、記事の撤回はしなかった。

私の所属する横浜学校労働者組合に1本の電話が入ったのは2013年10月半ば。30代半ばと察せられる男性教員の声は、ぼそぼそとしていて決して明瞭ではないのだが、法テラスなどあちこちに相談、万策尽きてこの電話をかけたのだ、という切迫感は伝わってくる。

ここ横浜では、1万人以上の教職員を組織する日教組傘下の横浜市教職員組合がある。1960年～70年にかけて飛鳥田革新市政と言われた頃から、強固な労使協調路線を歩んだこの組合は、かなり長い間「組合歴社会」と言われるほど、校長、副校長、市教委の管理職をたくさん生み出したのだが、それもすでに往時のこと。今では緩みに緩んだパンツのひものような存在になっている。労働組合が職場＝現場をまともにカバーすることができないのだ。だからといって、この組合から分裂して30数年の私たちのような少数組合がどれほどのものかという議論も一方にはあるのだが、それでもこの小さな組合は、時に駆け込み寺の様相を呈し、1点集中の闘いに数多く取り組んできている。長年の緊張感のある労使関係と闘いのノウハウの蓄積だけが財産の組合である。

男性はもちろん浜教組にも助けを求めたが、けんもほろろの対応に「ワラ」のような私たちのところにたどり着いたのだった。

真夏の軟式テニスの大会の時に、過呼吸を起こした生徒がいた。熱中症も疑われたので、抱えて木陰に運び、氷で身体のあちこちを冷やした。その箇所は、リンパの集中する場所で、熱中症の際の対応マニュアルに従った。周りに生徒もいたし、保護者もいた。そのときには何の問題にもならなかったが、秋になって生徒らが別の教師に「セクハラではないか」と訴えた。私は、そのときのことをほとんど覚えておらず、校長から聞かれてもきちんと答えられなかった。校長は、生徒の話を真に受けているようで、暗に私に休むよう言うので、ここ数日休んでいる。

ざっとそんな話を聞いた。私は初めに、間違いなくそのような意図はなかったかと確認し、その上で「今のような時代、あなたの行為は正しいものではあっても、やや無警戒すぎる。センサーが鈍すぎるのではないか。しかし、あなたの行為は明らかに衆人環視の中で行なわれたものであり、巷間流布するわいせつ、セクハラ事案のように、二人きりの場所に意図的に移送して云々、ということではないのだから、その旨をきちんと主張すべき。このまま休み続ければ、それを認めたことになる。明日は出勤すべき」とアドバイス。組合に加入することを確認、支援体制をとることを約束した。

▼拙速、杜撰な管理職の対応

校長は、生徒から相談を受けた教師の報告を教育事務所に連絡、その指示を受けて当該生徒からの聞き取りをすすめている。この段階での聞き取りがきわめて杜撰なものであったようだ。通常、こうした聞き取りは複数の教員で行なうのが一般的であるが、この学校では時に複数、ある時は一人でという具合だった。またこうした微妙な案件の聞き取りの場合、一つひとつの事実をさまざまな視点から客観的に確認していく必要がある。中学生、とりわけまだ入学間もない1年生などは、時間の記憶や場所なども曖昧になることが多く、よく聞いてみると、数年前の話と現在を混同していることすらある。生徒の聞き取りから事実関係を明らかにするのは容易なことではない。いじめなどでもそうなのだが、感情的な起伏も多いため、よくよく穏やかに、おびえさせることなく、客観的な事実を一つひとつ確認することが求められる。またこちらが、わずかでも誘導的な質問をすれば、すぐにそれに乗っかってくるのがこの年齢の子どもたちである。結果的にこの学校側の聞き取りが、10月、11月、12月と続いたことを考えると、精度の低い恣意的なものであったと推測せざるを得ない。処分理由書も、具体的な日時、場所、回数を特定していないことから、大枠の聞き取り内容で処分を決めたとしか思われない。

問題は管理職の対応である。生徒から訴えがあったのが9月末。2、3日かけて行なった聞き取りの直後の10月2日に校長は当該教員を呼び出し、事情聴取。本人は「覚えていない」「身に覚えがない」と回答。そうした行為があったという確信は得られなかったはずだ。しかし校長は、その聴取の直後に「被害」生徒の家庭を訪れ、保護者にその旨を報告している。事実関係が明らかでない状態での事情説明は、事後にさまざまな問題を引き起こす可能性があることから、通常の生徒指導であっても慎重に行なうのが一般的だ。保護者は、学校の中の動きをなかなかイメージできないことから、説明自体も慎重に行なわなければならない。確実な事実のみを伝え、憶測や予断を排除して丁寧に行なうことが求められる。

しかしこのケースでは、保護者は校長の話だけが情報源であり、その話がたとえ予断によるものであっても相手は校長である、信用するしかない。「被害」生徒も、事態が動いてしまったことに動揺もする。親子ともに狼狽の中で、「セクハラ」が共有され、「事件」の大枠が確定してしまったのである。

こう書いていても、読者諸氏には「火のないところに煙は立たず」、何もなかったわけではないのではないかという思いが去らないのではないか。私は支援する側に立つことに決めた時点で、セクハラやわいせつにかかわる独特の湿気をもった反応を予想しなかったわけではない。たとえば痴漢冤罪事件にあっても、長い時間をかけて冤罪が晴れたとしても、疑わしげな視線が執拗に向けられる。しかもその多くは、弱い立場におかれた子どもや女性の立場に立って男性を指弾するものではなく、人間の性的な欲望の根源的な不分明さからくるもの、有り体に言えば煙があれば火がないわけがないという頑迷な思い込み、思考停止が広がるのである。だから法的にどう認定されようと、疑いが100パーセント払拭されることはない。いったん「事件」となったものは人口に膾炙すればするほど、独り歩きを始め、人々のさらなる予断をふくらませてしまう。それがこうした問題に関わる時に必然的に引き受けなければならない大きなマイナス要因である。だからこそ支援する立場としては、行為を「事件」とするのかどうかの事実確認が重要なのだ。杜撰な聞き取りによって「事件」とされたところから、この問題はさらに迷路に入り込んでいく。

▼処分量定表を提示して「どれにあたるか考えろ」

校長は、家庭訪問のあと、さらに詳しい事情聴取を続けることを職員に指示した。そして数日後、当該教員を呼び出し、二度目の事情聴取。ここで校長は、処分量定表を持ち出し「どれにあたるか考えろ」と発言する。

この処分量定表なる文書は横浜市教委が定めているもので、事案ごとに7分類70項目を超える事例に対して、戒告、減給、停職、免職等の処分の量定を定めたものである。たとえば、（4）わいせつ行為及びセクシャル・ハラスメント等の項目では、ア児童・生徒に対する行為　イ保護者に対する行為　ウそれ以外のものに対する行為と分類され、アにおいては、「身体接触等をし、又は法律、条例等に違反する行為をした（未遂を含む）」は、免職とされ、「セクシャル・ハラスメントをした」は減給・停職・免職のいずれかとされている（誤解のないように触れておくが、先に示した処分理由書を見る限り、この案件はこれに該当していない。つまり、市教委はこの事案をわいせつ・セクハラとは認定していないのである。この件については、後に詳しく述べる）。

初歩的なことだが、処分の量定は詳しい事情聴取が済んだのち、生徒の聞き取り内容と本人からの聞き取り内容を精査し、事実の認定を行なった上で、教育委員会が行なうものだが、校長は生徒の聞き取りを行なっただけで、それを鵜呑みにし「セクハラ」と断定したようだ。この処分量定表の提示は、事の重大さをほのめかし、事実を認めるよう脅しをかけたことにほかならない。これほど乱暴かつでたらめなやり方は前代未聞である。市教委幹部であった某元校長は、「教職員からの聞き取りは、まず信頼関係を築いたのち、ゆっくりと時間をかけて自分の行為を振り返らせ、その上で反省の上に立って自分から問題行動について話すよう促すべきであり、旧来の警察の取り調べのような予断によってなされるべきではない」と述べているが、そこまで丁寧にとまではいかなくても、まずはしっかりと本人と話し、生徒の聞き取りとの齟齬を確認していくのが本筋である。この校長のやり方は、乱暴、強引というより稚拙と言ったほうがいいかもしれない。またこうした案件は、学校の場合、通常もう一人の管理職である副校長と相談してすすめるものであるが、二人ともこうした問題の進め方にあまりに不明であり、複数で対処するという客観性がまったく担保できていない。浮足立ってバタバタと動いているという印象しかない。

▼今認めないと警察沙汰に。親が悲しむぞ

稚拙さは次のような言動にあらわれる。先の事情聴取の際、校長は「明日からどうする」と質問し、暗に明日からの欠勤をほのめかす。当該教員は拒否できず了承。校長は「外を出歩かない、いつでも連絡がつくようにしておくこと」などを指示。その後の連絡は副校長が取ることを伝える。

そうして数日間、副校長が当該教員の近所を訪れ、連絡係を務めることになる。その2日目、副校長は独り言と称してこう発言する。「今、認めれば一緒に謝ってあげられる。このままいくと警察沙汰になって刑務所に入ることになれば、親が悲しむぞ」。刑事ドラマ風に言えば「早くゲロしちゃいな」ということである。ことほどさようにこの管理職コンビは、どちらかが先入観や思い込みに歯止めをかけるという方向には行かず、早いところ本当のことを言わせるにはどうすればいいか、などと二人で策を練ったのだろう。副校長が「私が落としますよ」などと言ったことは想像に難くない。

▼3カ月かかった校長報告書の提出

組合事務所に当該教員が電話をしてきたのは、こうした一連の「事件」の枠組みが決まってしまった10月半ば過ぎ。職場を休むようになって4日目のことだ。冒頭で述べたように、休んでいれば事態は悪くなるばかり。情報もつかめない。知らないうちに処分ということになる可能性もあるこ

とから、出勤を指示。

10月23日に出勤する。おはようございます、という彼のあいさつに副校長は、「おはようじゃないよ。なんで来ているんだ」と慌てて校長室に軟禁、いわば罪人扱いである。そのまま別室に連れて行かれ、生徒指導専任教諭が監視に入る。夕方になって校長と話をした際、彼は初めて「何を根拠にこういう状態に置かれているのか」と反論。校長は「部の生徒、保護者の気持ちを考えろ。生徒との接触を心配している。いつまでとは言えない。目途もたてられない」。これに対し当該教員は「出勤したい」と表明。

校長の口ぶりから、すでに市教委が処分過程に入っていることが察せられる。このあと、彼は年度末まで4カ月以上にわたって教育事務所への出勤を命じられることになる。

このころ、噂を聞きつけ不審に思った一部保護者が校長に対して「そんなことをする先生じゃない。私もその時その場所にいたが、おかしなことはしていない」と主張。校長は聞き入れず、休んでいる理由について「体調不良」と説明する。

当該教員は中3の学級担任であり、三学期半ばは進路指導が忙しくなる時期でもある。生徒も進路選択に向けて不安な時期を過ごすことになるのだが、校長は保護者に対し担任の不在について一切説明をしていない。校長はかなり早い時期に教育委員会の処分が下りることを伝えられていたのではないか。しかし、実際に処分が下りたのは年を越しての1月27日である。最初の事情聴取から3カ月以上を経てからである。このタイムラグはいったい何だったのか。

処分に不可欠なのは、校長の報告書と当該教員の顛末書である。これをもとに、教育事務所が処分案を作成し、教育委員会内に設置される分限懲戒審査会に付す。そこで処分案を決定し、教育委員会議に提出、ここで処分が決定される。

ところが、校長の報告書が提出されたのは1月初め。作成に3カ月間を要したことになる。これは、明らかに教員による聞き取りの精度の低さによるものだろう。内部のことは計り知れないが、保護者によれば12月の学期末まで聞き取りが行なわれていたことがわかる。いわゆる「被疑事実」を特定することに難儀していたことが予想できる。

もう一つは、当該教員が労働組合に加入して、組合がこの問題に嚙んできたこともひとつの要因かもしれない。

▼揺れる「事件」の枠組み――二つの交渉

当該教員が加入を表明した時点から、私たちは動き始めた。最初に行なったのは、教育事務所に対する申し入れである。電話のあった次の日、深夜に作成した申し入れ書を持参して教育事務所を訪問。指導主事室長と40分間、折衝。校長らの初期対応に問題があること、生徒への聞き取りが杜撰で、客観的な聞き取りができていないこと、当該教員への事情聴取が予断をもって行なわれ、処分量定表を持ち出すなど非常識な対応であること、当該教員に対して根拠のない理由をもって「自白」を促すようなアプローチを行なっていること、こうした事態に対して職員には言うに及ばず、生徒や保護者に対して全く説明がなく、いたずらに憶測を呼んでしまっていること等、当該教員が不在となっているために起こる人員不足に対して、なんら手当てがなされていないこと等についても、事務所としての見解を明らかにするよう伝えた。後日、各項目についての回答をするよう求めて、最初の折衝は終わった。2週間後に設定された交渉では、教育総務課長が対応。基本的なスタンスは「本案件は管理運営事項のためお答えできない」というもの。そうは言っても、交渉の場を設定し、書記係に係長を同席させているわけで、話だけは聞いておこうという態度。すなわち互いの思い描く「事」の枠組みの違いを測りかねているということと考えられる。問題はわいせつ、セクハラか否か、である。

続いて、校長への申し入れ。当該教員が組合員となったため、校長は交渉を受けざるを得ず、11月半ばに設定。教育事務所への内容とほぼ同様の申し入れ書を提出した。交渉は校長室で行なわれ、出席者は校長、副校長に対して組合側は3名が出席。交渉は50分間に及んだが、回答はほとんどのものについて「管理運営事項なので答えられない」の一点張り。いくつか具体的な初期対応のミスを指摘した部分では、校長の顔が真っ赤になるが、答えない。教育事務所との間に「答えない」ことがしっかり確認されているのだろう。その中で、当該教員が休んでいる状況について説明が及んだ。校長はこの時点で保護者には一切説明をしておらず、クラスの生徒にのみ「病気による休みである」と説明したことを明らかにした。病気による療養休暇であるならば代替教員の措置が取られるが、事実は教育事務所への出張（出勤）であるのだから、代わりの教員が赴任することはなく、授業は他の教員が長期にわたって代替している。生徒、保護者への説明に苦慮することはわからないでもないが、保護者には説明もせず、生徒にだけ「病気による休み」では、片手落ちのそしりを免れないだろう。こうした虚偽説明は、たとえ方便としても不誠実な行為だということは常識だと思うのだが、この二人の管理職には及ばない常識だったようだ。この交渉での指摘のせいか、校長は12月に入って前言を撤回。「事情があって休んでいる」と言い換え、職員の不興を買うことになる。生徒の前面に立つのは一般教員なのだから、彼らが前言を翻したことになってしまうからだ。中学生といえども、いや中学生だからか、彼らは大人や教員の「うそ」には敏感である。あとになってかんたんにわかってしまうようなうそは、ついてはならない。なるべく事実を正しく伝えておくことが、のちのち信頼関係を維持していくうえで不可欠なことであるし、伝えられないなら「伝えられない」ことを誠実に伝えるしかないのである。私自身、さまざまな問題が起きたときに、そうしたやり方を通してきたのは、たくさんの失敗例を見てきたからだ。大人の小さなうそが、学校を揺るがせるような事態を生んでしまうこともあるからだ。

交渉の中で最も強調したのは、公平で客観的な聞き取りができていないこと、初期対応に大きな問題があること、管理職二人ともコンプライアンスにきわめて鈍感であること、そうした要因がこの「事件」を複雑なものにしてしまっていること。交渉時間のほとんどが私が二人を指弾するという形になっていて、身もふたもない交渉のように見えるが、しかしそうではない。

教育事務所との交渉における私たちの狙いは、校長から教育事務所に入ってくる一方的な情報に対して、現場には違う見方があるのだということを明らかにするという面がある。教育事務所として、現場に素手を突っ込むほどの強引さは持ち合わせていないから、やはり情報はほしいのである。会うことも含めてすべて拒否するなら不可能だが、聞いてしまえば、それは必ずその人間の中に残るものだ。校長からの「事件」の大枠の報告を受けている教育事務所にとって、私たちの主張は、事態を立体的に見つめるうえで、一つの判断材料になるのだと私は考えている。

校長交渉はどうだろうか。こちらは、校長のメリハリのないぼんやりした対応や、副校長の粗雑で手荒な扱いに対して、一定に歯止めをかけるという効果がある。彼らにとっては外部でしかない労働組合が、現場のやり方に口を出してくるのだから、面白くはないのだろうが、現実的に私は彼ら以上に現場の動きが見えていると思っているから、多くの指摘が的をはずしていないことは、彼らにもわかるはずである。

▼中学生の不安定さと振れ幅の大きさ

こうして9月末に生徒からの訴えで始まったこの「事件」は、年を越して2014年を迎える。ほぼ3カ月の膠着状態である。その間、保護者には一切説明がなされず、生徒には学級担任交代もなされぬまま、進路指導主事が学級担任の代わりを務めた。校長のところに苦情を伝えた保護者はいたようだが、大きな動きにはなっていない。進路選択という難しい時期の学級担任の不在は、通常の中学ではかなり大きな問題である。だが、生徒への不適切行為が原因のようだという噂は、保護者や生徒による校長への追及の刃を鈍らせてしまったようだ。もう一つ、この地域の「おとなしさ」の要因があるのだが、それについては後段で述べたい。

ここでは、今まで触れてこなかった「事件」そのものについて考えてみたい。

私は現職の中学の教員である。管理職適齢期?:を過ぎても、一教諭として教壇に立ち続けてきた。中学生という12歳から15歳までの特有の世代を、長い期間眺めてきた。そうして思うのは、この世代がどれほど時代や社会の変化の影響を受けようと、変わらないのは自己定立への道半ばにある独特の不安定さだ。時に邪悪な妄想に襲われたかと思うと、厳しい倫理性を持ち出したり、あるいはすさまじいほど救いのない自己疎外感を前面に押し出したり、一方で何の根拠もない自己万能感を表出することもある。

そんな彼らの交友関係の難しさは、そうした振れ幅の大きさにある。単純なはずの問題が、ときに時間的タームの長い、互いの成育歴上の出来事に絡んだりすると、複雑な様相を呈することもある。これに保護者同士の関係などが絡む場合は、さらに難しい。

教員との関係もかなりセンシティブな面をもつ。男子生徒の場合は、若い女子教員にストレートに興味を示すため、わかりやすいのだが、女子生徒の場合はやや複雑である。若くていわゆるイケメンの教員が好まれることはよくあることだが、一方で自分だけの「お気に入り」の教員を見つけようとする傾向もある。それは、教科や部活動、委員会など学校のさまざまな局面で出会う教員であるが、極端に入れ込んでしまうような場合も少なくない。もちろん、トラブルの可能性も含んでいるので、若い教員には生徒指導や相談活動の際は二人きりにならない、出口の近くに生徒を坐らせるなどのアドヴァイスをする。

さらに難しいのは、異性に対してであれ、教員に対してであれ、そうした思慕の感情が極端にぶれることである。「坊主憎けりゃ袈裟まで憎い」という古い俚諺があるが、何かをきっかけに感情が一変すると、それまでの思慕のベクトルが全く違う方向に向かうこともある。声やしぐさ、着ているジャージやクルマさえも嫌悪の対象に変わってしまう。感情的に抑えられないのである。そんなことは珍しいことではない。そうした中学生の振れ幅の大きさを知っている教員は、だから「距離感」を重要視する。たとえ、自分を強く慕ってくる生徒がいても、それを助長するような対応はとらない。周囲の生徒との関係を見ながらバランスをとる。距離感が極端に狭まれば、他の生徒との関係に影響が出てくるのは必定である。ここが一番難しいところだ。クラスの中で、今、話を聞かなければならない切羽詰まった状態の生徒もいれば、ある程度静観しておいたほうがいいと判断する生徒もいる。何もことが起きていない状態の中で、どう関係を切り結ぶかが大切なところだ。中学生はそれぞれ心理相談のクライエントとは違い、集団の中で生活している。その中で、教員は多くの生徒との距離感を測りながら対応することが求められる。これが中学の教員のむずかしさの一つであると私は考えている。

もちろん、こうした傾向に変化もある。最近では、カウンセラーが配置される学校も増えている。カウンセラーがいなかった時代には、教員は自らの判断で生徒に向き合い、話を聞き、何らかの方向性を見出さざるを得なかったのだが、カウンセラーの配置は、極端な言い方だが、中学生の心の問題の「丸投げ状態」を生み出してもいる。不登校になりかかっている生徒や、家庭内の問題で悩んでいる生徒などに対して、これはカウンセラーの問題とわりきって、最初から任せきりとしてしまう傾向が少しずつ広がりつつある。これは教員自身のセンサーの鈍化を助長してしまうのではないか、と私は考えている。一方で、カウンセラーと話すのは絶対いやだ、という生徒は以前からいるが、最近では「カウンセラーとなら話したい」という生徒が増えてきていることも事実だ。これが以前とは違う傾向である。これはどういうことだろうか。拙い私見を述べれば、これは、中学生が集団の中の一人、群れの一員ではなく、確固たる一個人として自己領域を広げているということではないか。こうした傾向は、カウンセリング配置の方向とはからずも一致してしまう。中学生に生起する心の問題は、かけがえのない個人の心の中の問題として解決されるべき、ということだろうか。いわゆる心理主義とその軌を一つにしてしまうように私には感じられる。すべての問題は個人の心に発する？

もう一つ、これは今述べたことと矛盾するようだが、彼らは自分が考えたことと友人が考えたことを、明確に区別できないという面を見せることがある。細かく聞かれる、という経験が少ないことから、他人の影響を強く受けてしまうのである。自分で話していることが、自分が考えたことなのかどうか、自分で判断できなくなり、聞くたびにその中身が変わるということもある。だから生徒からの聞き取りは、細心の注意が必要なのである。脅しつけて聞いた内容が一変することは珍しくないし、かといって穏やかに聞いたとしても違う場合もある。危険なのは教員自身がわかりやすい物語に陥ってしまっている場合、その物語に乗っかるような言葉だけを拾ってしまうことである。どんな言葉が、内容がどのように教員の中に入っていったかは、生徒の側からはわからない場合も多い。全体像は教員にだけ見えている。それを保護者に話したあとになって「そうじゃないんだけど」と否定するのはそのためである。

さらに集団からのしばりが強い場合、子どもらしい潔癖な倫理性は後景にひいてしまい、集団への帰依を最優先することもある。私自身、これにずいぶん悩まされたことがある。ことがすべて終わって数カ月した後に「じつは、あれは……」と打ち明けられ、切歯扼腕したこともある。

このように、たかが中学生と侮ることはできない。大人のさまざまな力をもってしても、中学生という実体はなかなかにつかめないものなのだと、私は考えている。だからというべきか、この「事件」を見るとき、やはりどこか腑に落ちないものを感じるのだ。

▼「事実」を切開する

さて、この「事件」は、「被害生徒」の訴えを契機として表面化してきたのではない。周囲にいた生徒が、当該教員が被害生徒に対して過呼吸や熱中症の対処という理由から体のあちこちを触ったと訴えがあったということだ。それを受けて、女性教員が「被害」の聞き取りを行なったところ、具体的に体の箇所を明らかにして「触られた」と言っているようなのだ（それでなくては、管理職二人の予断は出てこない)。

疑問は、他の顧問がその場におり、他の生徒や保護者も見ている中で、いわば衆人環視の中で、そうした性的な意図をもった行為を行なおうとする者は、かなり特殊な感覚の持ち主ではないか、ということ。「被害者」は、過呼吸症状を訴えることがたびたびあり、昨夏の暑さは尋常ではなく、過呼吸症状と熱中症を併発している例もかなりあるらしく、基本的な対応としては、意識障害がある場合は救急車の要請、そうでない場合は日陰で休ませ、塩分も含んだ水分の補給と手や足などを氷や水を含んだタオルなどで冷やすことが求められる。さらに放熱によって熱を下げるにはリンパの集中している部位の冷却も必要だ。

仮に、当該教員がそうしたノウハウに従って対応したとして、どうだろうか。ある行為というものが、時と場合によっては、だれにでも客観的に同じように見えるわけではない。彼我の関係をもとにして、行為そのものの中に、ある意味を見つけようとするのが人間である。もしも部の生徒たちと当該教員との間に、何らかの感情的なしこりのようなものがあったとするなら、女子中学生がそれを「いやらしい」と反応することはかなりの確率であると思う。氷やタオルを当てたとしても、それを嫌悪感とともに性的なものと感じてしまったり、指で直接触れられたとも感じてしまうかもしれない。理屈ではない。いやなものは嫌という感覚である。それは、思春期の娘を持つ父親が、何の気なしに娘の髪の毛を触って嫌悪の感情をむき出しにされたり、同じ空気を吸いたくないといった父親への拒否感を考え合わせれば、想像するのはそんなに難しいことではない。親子の場合も教員の場合も、女の子の潔癖性をバックにした男性性への嫌悪感がもとになっている。では、この「事件」に関する限り、訴えのもととなったのは、一般的な男性性への嫌悪だったのだろうか。

最初に訴えた生徒が、遠征の際に当該教員のクルマに同乗した時「エロ本があって気持ち悪かった」と言っているという事実がある。被害教員がクルマに積んでいたのは、コンビニで買った『ビッグコミックスピリッツ』という、「美味しんぼ」などが連載されている青年向け漫画誌である。表紙に女性の写真が載っているだけで「エロ本」と断じてしまう中学生の心性もわかるが、「気持ち悪かった」という反応には違和感がある。私のよく知る中学生と若い教員の反応ならば、駐車している車の中を覗き込んで雑誌を見つけたとすれば、「センセー、エロ〜い」である。「そんなことないよ、この雑誌はね、これこれこういう……」という説明をしても、笑って「えー、言い訳してるぅ〜」ぐらいのものである。自分の時間のほぼすべてを部活動に費やす熱心な教員でありながら、口重で当意即妙の受け答えの不得手な教員に対する、ある種の嫌悪感のようなものを、私はこの「気持ち悪い」に感じるのだ。初めからそうではなかっただろう。どこかで生徒と当該教員の間に何らかの気持ちのすれ違いのようなものが生じたのではないか、と感じるのは私だけだろうか。

そうした女子生徒からの視線を、当該教員が受け止められていれば、生徒の体への接触の必要があるときには、女性の教員や保護者などに依頼するという判断ができたと思うのだが、生真面目に心配をしている当該教員にはその余裕がなかったのかもしれない。これはうがった見方だろうか。

体への接触さえなければ、これほどの大きな問題にはならなかったとも思えるのである。

支援する側だからと、彼に有利にものを見ようとしているのではないつもりだ。ただ、何の感情や関係性も介在しない「事実」はいったいどのようなものだったのか、私自身も知りたいのだ。そんなものは、女生徒たちの訴えの前に何の意味もないのかもしれない。しかし、いわゆる一般的な女子中学生の男性性への嫌悪を超えたところに、この問題の大事な部分が隠されているように、私には思えるのである。ここは譲れないところだ。

最初の訴えから3カ月もの間、処分までかなりの時間が経過していることも気にかかる。ごく当たり前に判断すれば、これは学校側が「被害者」とされる生徒への聞き取りを繰り返し行なったからではないかと推測できる。過呼吸と熱中症を併発している生徒に対し、その時の状況を克明に聞き取るのは至難の業である。彼女と当該教員の関係はどのようなものだったのか。先に述べた「すれ違い」はなかったのか。聞き取りの過程で彼女自身が混乱してしまったことはなかったのか。

中学校においてこうした性的な問題にかかわる聞き取りは、一度に限って短時間で端的に行なうのが常だが、いったい3カ月の間に彼女は何度聞き取りをされたのだろうか。これは、本人の問題というより、聞き取りを行なった学校側の問題が大きいと、私は考えている。管理職のエキセントリックな反応を見るにつけ、聞き取りの教員の思い込みがなかったか、と。

▼処分の中身をどう評価するか

1月になって早々に、当該教員は教育事務所の事情聴取を受ける。これはようやく校長による「報告書」が完成、提出されたということだ。当該教諭は、私たちの指示に従い、この報告書の開示請求を行なった。処分後になって開示されたこの報告書は、記述部分は当該教員の発言以外のほとんどが墨塗りとなっていた。ただ、40枚近いこの報告書が、そのほとんどを大会会場の写真や見取り図で占められていることを考えると、明らかにセクハラ行為を立証しようとしていることは間違いない。見取り図や写真には文章に照応するように番号が付されており、かなり克明な記述があるようである。

この報告書をもとに教育事務所は、当該教員に正式な事情聴取を行なった。そして直後に「顛末書」の執筆を求める。

顛末書は、報告書で指摘された点として前半部分でいわゆる「容疑事実」を列記している。校長の報告書で指摘された4点についてである。①～③は、平成25年8月から9月にかけて被害生徒に対し、3回にわたってアイシング等身体接触を行なったことを中心に書かれている。④は、(ア)～(ウ)の3項目で、別の生徒に対して、下着のひもが見えているのを注意したこと、生徒の手に当該教員が手を重ねたことなどが記されている。

これに対して当該教員が述べる「所感」は、すべて事実ではないとし、最後にこの3カ月、管理職からも教育事務所からも一度も確認されなかった、生徒の手に自らの手を重ねたことが突然報告書に書かれていたことに戸惑いを隠していない。本来ならこの顚末書の内容を逐一紹介したいところだが、「被害者」への言及もあることから、ここでは割愛する。後段で彼は、「……事実確認の進め方について、初めから私が不適切な行為をしたのではないかという予断と偏見をもって進められてきたように感じています。私としては、部活動を含めた仕事全般について、私なりの誠意をもって取り組んできたという自負がありますので、こうした管理職の先生方の姿勢が、大変悔しく残念なものだったと感じて」いるとして、最後に「……私自身の対応の意図が本人や周りの生徒に十分理解されていなかったことなど、私自身、配慮が足りなかった面があったことは認めます。……ただ、今回指摘をされた不適切な行為については、そうした意図も実際の行為も私は行なっていないことを最後に申し述べ、顚末書とさせていただきます」と述べている。

彼は、いわゆる「容疑事実」について認めておらず、教員として、自負をもって仕事をしてきたにもかかわらず、管理職が自分の話に耳を貸さないことへの痛烈な批判を行なっている。たぶん、教員となって初めての管理職批判なのだろう。

顚末書というものは、基本的に指摘された行為について、その事実を認め、反省の弁を述べる仕様になっているものである。その点からすれば、この顚末書がきわめて異例のものであることは明らかである。

一般的には、この2点セットをもとに、教育事務所が一定の方向性を出して、関内にある市教委中枢に処分案をあげるのである。

さて、その処分理由である。まず認定事実であるが、「……顧問を務める運動部に所属する女子生徒に救護措置を行なう際、当該生徒の身体に触れる等の行為を複数回行ない、強い不快感を抱かせた」ことである。この理由説明でもっとも重要なことは、彼の行なった行為を「救護措置」と断じていることである。当初疑われたわいせつ、セクハラはなく、「救護措置」と認定したことは、教育事務所の「卓見」と言える。3カ月の間、校長の指示によって執拗に行なわれた聞き取りの内容は、当初校長が当該教員に伝えたものは採用されず、すべて「救護措置」の一環とされたのである。3カ月の間、訴え続けてきたものが認められたと考えていいのではないか。

しかし、そうであるならば、「減給3カ月10分の1」という懲戒処分は重すぎるのではないか。問題はその理由である。生徒の身体に触れる等の行為を救護措置と認定していながら（当該教諭はそれを認めていないし、処分理由は当該教員が直接生徒の体に触れたのか、氷をもって触れたのか、またその体の部位などについて言及していないのは、そのためだろう）、「強い不快感」を抱かせたことが、地方公務員法第29条第3項の「全体の奉仕者たるにふさわしくない非行があった場合」にあたるというのである。

この処分が先に触れた処分量定表の「(4) わいせつ行為及びセクシャル・ハラスメント等」に当てはまらず、(2) の教育公務員として不適切な行為の (イ) 校外学習、部活動中の飲酒等の不適切な行為、に当てはまると考えれば、当該教員へのわいせつ、セクハラの疑いは晴れたものと考えられる。

私は、教育委員会が処分の根拠を「強い不快感」と認定した例を、寡聞にして知らない。確かに「被害者」たる生徒が、強い不快感を覚えたと主張し続けたことは理解できる。しかしそれが「全体の奉仕者たるにふさわしくない非行」と断じられることには、強い違和感がある。救護措置の一環とするならば、それがたとえ強い不快感を相手に与えようと、間違った措置をしたわけではなく、必要不可欠な措置を行なったのだから、それを「強い不快感」をもって「非行」と断じるのは無理がある。何らかの性的な意図をもって救護措置の名を騙って行為に及んだとするならば、「非行」となるのは致し方ないと思えるのだが。

この処分理由は、論理破綻をきたしているのではないか。論理の一貫性を求めるならば、「強い不快感」は何によってもたらされたか、あるいは、なぜ生徒は「強い不快感」を主張し続けたのか、を示す必要があるのではないか。

処分理由と処分の量定の間に大きな矛盾を見るのは、私だけではないだろう。管理職の予断に始まった「事件」は、3カ月もの時間をかけセクハラという確たる証拠を立件できなかった。だからと言って教育委員会は保護者の加罰感情を無視することができなかった。苦肉の結論が「強い不快感」を根拠とした重い減給処分となったのではないか。

もう一点、あれほど初期対応において稚拙な行為を繰り返した二人の管理職に対して、校長にのみ文書訓告という軽微な注意しか与えられていないこともおかしな話である。「今認めれば、一緒に謝ってあげられる」などと言って、自白を迫った副校長にはお沙汰なしというのもいただけない。「事件」は、何ともすっきりしない終わり方を見せたのだった。

▼終わりに

横浜の一教員の処分について、ずいぶん長々と書いてしまった。冒頭に述べたこの「裂痕」に見る現在の学校の「いびつさ」とはなんなのだろうか。簡単に触れて、本論考を閉じたい。

この「事件」にかかわること4カ月。私の思念を去らないのは、教育委員会権限の首長への移管とか、道徳の教科化とか、さらには領土問題についてすべての教科書に政府見解を掲載せよ、とかいったいわゆる政治の教育への度を過ぎた介入だけではない。実のところ強く気にかかるのは、今私たち教員が行なっている教育という労働が、あたかも「聖職サービス業」のようになりつつあることだ。

いつのころからか――私自身の感覚で言えば、それは80年代の半ば、いわゆる「荒れる中学」というエポックを越えて以降のことで、世の中が大量消費時代へ突入したころのことだと思うのだが――学校は、コンビニやファミレスのように、顧客へのサービスを提供する機関となりつつある。保護者や児童・生徒は、より付加価値のあるサービスを学校に求めてくるし、学校もまた児童・生徒、保護者に対して、クレームを恐れ、とりあえず謝っておこう的な対応に終始するようになっている。この「事件」でも、管理職は、教員のアイデンティティであるその指導の内実を問わずに、顧客のクレームをそのまま受け取り、処分へ向かった。教員を守ろうとはしないのである。今、多くの学校で、教員が自信をもって児童・生徒に向かえない大きな理由は、このように自らのアイデンティティが、学校の中で認められないことだ、と私は考えている。

教員は無謬ではない。当たり前のことだ。人と接するということは、たくさんの過ちや失敗を内に抱え込むということだ。教育という行為は、一面に暴力や強制という面ももつが、当然のように生じてくる教える側の思いと受け取る側の思いの「ずれ」を、ともに抱え込み、止揚する営為でもある。そのためには、互いの立つ位置の違いを認めることが必要不可欠である。日々こともなく、批判されることを恐れながら無駄に時を費やすのでなく、せめてもう少しまっとうに子どもや保護者と向き合うことはできないのだろうか。そうしたところに出来する互いの自立的な関係こそが、政治の教育への容喙を対象化していく力になるのではないか、と考えるのは、この3月で定年を迎える老教師の夢想にすぎないのだろうか。

当該教員は、3月の初めの今、まだ毎日出張を命じられ、教育事務所への出勤を続けている。処分が出たとしても、「被害生徒が当該教員に会いたくない」からだという。

そして、卒業式を2週間後に控えた公立高校入試の発表前日、校長は突然、学級担任交代を生徒に伝えた。処分が出されたのは1月27日、1カ月もほおっておいての「英断」である。さらに卒業アルバムのクラスのページから彼の写真を削除した。実質的には10月半ばまで、形式的には2月末まで学級担任だった彼を、なきものにするというのである。保護者へは、学級担任交代の理由すら書かれていない通知1枚が配られた。アルバムは、粛々と準備されてきたし、学級担任を代えるならば、処分直後の2月初めでよかったはずだ。ともに卒業2週間前にやるべきことではない。

多くの保護者や生徒は、処分が新聞報道されたことで卒業式に彼は来ないこと、このままどこかほかの学校に転任してしまうことを、うすうす感じていたようだ。何度か校長や教育事務所に抗議をした保護者に接触を試みたが、今は静かにしておいてほしい、という思いを伝えられた。その思いもわからぬことはない。渦中にいるとは、そういうことだ。半分彼のことを忘れてしまった生徒もいるかもしれない。戻ってくるのを心待ちにしていた生徒もいたはずだ。そんな中でみな無言を通してきたのだ。にもかかわらず、ここに来ての担任交代とアルバムからの削除である。保護者や生徒の気持ちを全く忖度しない「英断」である。いかにも腑に落ちない。聖職サービス業すら放擲した、教育的配慮のかけらも感じられないこの行為が、あの二人の優柔不断の管理職の仕業とは私にはとても考えられない。教育事務所も容認せざるを得ない何らかの強い力が、オーバールールを行使してきたのだ。

当該教員は横浜市人事委員会に処分に対する不服申し立てを行なった。「事件」は、ほんとうに事件だったのか。私は人事委の審理の中で詳細に検討を加えていくべきだと考えている。これが、勝ち味のある闘いであるとは思えないし、人々を引き付ける魅力的な闘いとも言えない。ただ私は、ごく普通のこの孤立無援の一教員が与えられた試練を、現場の人間として、ともに越えていきたいと思うのだ。この審理の中にも、必ずや現在の学校の「いびつさ」が表れてくるだろうし、ふさわしくない言葉かもしれないが、神は細部にこそ宿ると思うからである。

不寛容の学校

▼「あわさい」に身をおきながら

　定年になって1年が経つ。ふと周囲を眺めると、今さらながらその風景の見え方の違いに驚かされる。「気持ちが離れる」という言い方があるが、私の気持ちは確実に学校から離れつつある。比喩的な意味も含めて学校の内部にいて、私がさまざまに感受する、感受せざるを得ない多くの違和感を受けとめず済んでいる、そのことが風景の見え方の違いにつながっていると思われる。

　たとえば現在、マスコミをにぎわせている川崎の中一の少年の惨殺事件、これによって引き起こされる行政や学校のさまざまな反応がある。不登校生徒の調査であったり、連絡が取れていない生徒の確認や生徒のグループの動きへの注意喚起、いじめ問題のアンケート、カウンセラーとの連携の確認など、多くはとってつけたような「やってる感」満載のもの。私が内部にあったときは、これらに対して常に客観化し批判的に対応する必要に迫られた。外からもち込まれる安直な思いつきによって、現場に流れている時間の継続性や、ある種の作法さえも壊されていく危機感があったからだ。

それは、新世紀になったころから続くいわゆる「教育改革」に対する反応と似通っていた。テーブルのうえにファンファーレとともに供された料理を、そのまま不用意に食べてしまうのではなく、その料理がしっかりとしたコンセプトに裏打ちされた人品骨柄卑しからぬものであるのかどうかを考える。安価な化学調味料を使用したインスタント食品まがいのものかどうかを見抜くことが重要だ。そのうえでさえ料理をまるごと全部平らげない。その質を吟味するように何度もナイフやフォークを卓に置きながら考えてみる。たいていの場合、それらは歴史や伝統の皮をかぶっただけの深みも味わいもない料理であった。

しかし今、私は内部にいない。自分なりに身につけた（と思っている）料理分析センサー（？）も使わなくなった。学校的人間関係センサーももう錆びつきはじめている。風景の見え方が違うのは、当然といえば当然の話だ。

それでもこうしてまた私は書こうとしている。それはたぶん、まだ自分が外部に身を置ききれず、達観などできずに風景の見え方の違いにまごまごしているからだ。なによりまだ伝えたい、伝えなければならないと考えている内実があると思うからだ。

内部にあって感受するものこそが、私が、学校で起こる事象を論評する時の基盤であった。その点について、これからあてにできるのはこの貧弱な想像力だけだ。長い内部の記憶と、今立っている外部との「あわさい」という不安定な場所から見えるものはいったいどんなものか、読者諸氏には少しの間お付き合い願いたい。

▼二つの裁判の必然

今回は二つの裁判（一つは人事委員会審理であるが）について触れていきたい。ひとつは、2013年に起きた横浜の中学の救護措置処分問題の現在について。もう一つは、東京都の都立中高一貫校で起きた新任教員免職処分問題についてである。

前者は、現在横浜市人事委員会に処分取り消しの不服申し立てが行なわれ、被告横浜市と原告の間で書証や書面のやり取りが行なわれている。具体的な攻防はこれから行なわれる証人調べ、口頭弁論ということになるため、今回は2014年4月以降、この問題に付随して生起したいくつかの出来事について触れておきたい。事件を俯瞰してみれば、これら付随した事柄が、ことの本質の一端を表しているようにも思えるからだ。

もう一つの新任教員免職処分問題は、2014年12月に第一審の判決が出ており、判決は都教委による免職処分を取り消すものであった。私は3年前に、原告となった新任教員である若者から相談を受け、何度か裁判の傍聴に足を運んだ。その後、自治体が違うことから私の所属する横浜学校労働者組合は、十全な支援ができなかった。そのため以下の報告のほとんどは、裁判傍聴の際に見聞きしたことと双方の書面、判決書に拠る。

どちらの問題も、現在進められる教育改革、学校現場の崩壊と無縁ではない。むしろその事件の生起は、大きな必然を内にはらんでいたのではないかと私は考えている。

▼「学校って、ここまでやるものなのですか」

救護措置処分問題の発端から1年半。当該職場からは当該教員のみならず、校長、副校長、生徒の聞き取りの中心的な役割を担った主幹教諭職の養護教諭も転勤してしまった。

振り返ってみると、処分せよ、追放せよという地域ボスの介入にひたすらイエスでしか応えなかった管理職や市教委の面々、新たに赴任した新校長の下、何事もなかったかのように日常的な業務をこなす多くの教職員たち、当該を慕い、心を痛めて遠くから見守っていたクラスや部活動の生徒や保護者、その周縁にいてできれば早く終わってほしい、去ってほしいと願っていた人々、また職員室の中でたった一人当該教員の支援を表明し、少数組合に加入、支援の中心となっている学年主任……、とこの問題の一年半の時間の流れの中には多彩な群像がある。ここでは新年度以降に起きたこの問題をめぐる象徴的な出来事を二つ紹介しておきたい。

２０１４年4月、横浜市では入学式のあと数日をおいて全市一斉に教職員の離退任式が行なわれるのが慣例となっている。学校は全家庭に対して、離退任する教職員の名前を記した案内状を配布する。これは公的な儀式であり、学校行事である。4月1日に着任した元人権教育児童生徒課課長の新校長は、この案内状から当該教員の氏名等を省いたのだった。3月末の教員人事が発表される新聞紙上には、はっきりと当該教員の転任の事実が記されていたにもかかわらず、だ。

案内状に記載がないということは、当該教員がこの学校に在籍した事実も、また転勤した事実も生徒や保護者の前になかったこととされてしまう。衆目に触れさせなければよいという点では、当該教員の名前と写真を卒業アルバムから削除した前任校長のやり方と同じである。さらに質（たち）の悪いことには、そのいずれをも教育委員会や自らの判断としながら、そうした発想のおおもとに地域ボスの意向が強く働いていたことである。いわばこの案件は地域の「不祥事」であり、できることなら蓋をしてしまいたい「汚物」だったのである。

のちの校長交渉の席でこの案内状の問題について新校長を問いただしたのだが、「前任校長からの申し送りもあり、また生徒の感情も考えて」という回答。「生徒のために」と言っておけば万事問題なしというのが、この元人権教育課長の発想だ。処分を受けたものには一片の人権はないということか。氏名の削除は人格そのものを否定する行為であり、従前の処分にさらに処分を重ねた二重処分とも言える。その処分さえ今その当否が問われている最中なのだ。情も何も感じさせない冷たい行為であると私は思う。私のこの感覚が極端なものでないことは、当該を慕う保護者のひとりの「学校って、ここまでやるものなのですか」というつぶやきでもよくわかるのではあるまいか。

▼自己観察書を放擲したまま転任してしまった二人の管理職

神奈川県ではすでに教職員に対する人事評価制度が導入されていて、評価は6、12月のボーナスの中の勤勉手当と1月の昇給にはね返る仕組みになっている。校長は年度初めに教職員に対し、年間の目標設定を自己観察書に記入するよう促し、その可否と確認のための面談を行なうことになっている。そうして1年間、授業見学などを経て3月に再び面談、ここで年間の評価（S・A・B・C・D）について本人に伝えると同時に課題を確認し、自己観察書のコピーを手交することになっている。この評価をもとに1～6月を総合的に評価したものが、6月の勤勉手当にはね返る。3月の段階では絶対評価であるものが、お金が絡むため6月には相対評価となり、S・Aの比率が30％以内ということになる。

さて、前年4月の終わり。当該教員が転任したあと赴任した新校長は、新年度の自己観察書の目標設定を行なうべく、その旨教職員に告げたところ、教職員から「昨年度の自己観察書、まだ返してもらっていません」と伝えられる。救護措置問題にかかわった二人の管理職は、3月末にすでに市内の中学校に転任している。副校長に至っては、あれほどの問題がありながら校長に昇任している。3月初めに面談の上、手交されなければならなかった自己観察書は、校長室のどこかに放擲されたまま2カ月が経過したことになる。のちの交渉で新校長は「あってはならない問題。大変な問題」との認識を示すも、所属教員には自分が手交、転任者へは郵送したとした。しかしシステム上は、評価者である前任校長（あるいは1次評価者の副校長）が評価を記入しているのだから、職員の顔と名前すら一致していない新校長が手交することは、人事評価システムに違背することになる。さらにこの評価システムには、評価に納得がいかない場合、苦情申し立てを行なうことができることとなっていることから、これについても履行する権利を奪われたまま、ということになったのである。

この評価制度、もちろん評判は芳しくない。その最大の理由は、評価の基準がきわめてあいまいなことである。そのうえ、順番に評価をまわします（ＳＡＢＣＤをかわりばんこにつける？）という平等主義？の管理職もいれば、主幹教諭はがんばっているのだから高い評価となるのは当たり前、と忠臣らに論功行賞を与えるような管理職もいる。学校をかわると評価が一変するケースもあり、授業評価などと言いながら1年に一度、それも10分ほど教室に入り見ただけという管理職も少なくない。さらに3月段階での絶対評価的なものが6月（1月〜6月の勤務が対象）、12月（7月〜12月の勤務が対象）、さらに1月（前年度の1月〜12月の勤務が対象）とボーナスや昇給に跳ね返ってくると、いったいいつどこで何が評価されているのかわからなくなるほど、いわば合理性に欠けた代物なのである。

教員は、肚の中ではこの評価を大いに気にはしているのだが、出された結果については無関心を装う。良い評価の時には「よく見てもらえている」と思うし、悪ければ「何にも見てないくせに」と考える。生徒に対する評価権をもっている分、こと自分の評価のことになると、敏感、微妙な反応となってしまう。苦情を申し立てる教員もかなり少ない。教員には何とも複雑なプライドがあるのである。

ことほどさように、自己目標を設定し一年間その達成のために努力し……という目標管理による人事評価制度が成功していないのは火を見るより明らかなのである。だから、誰も自ら「自己観察書、いつ返してくれるのですか。苦情申し立てをするかもしれないし……」などとは言わなかったのだ。

とは言っても、その評価が書かれた自己観察書すら手交されず、いつの間にかボーナスに跳ね返っているとしたら……。何ともお粗末な話である。実際には管理職二人も行政から人事評価されているのだから、彼らが気が付かないのもおかしな話。いかに合理性に欠けたシステムであったとしても、他の人事業務同様、管理職にとってはかなり重要なものであることは間違いないのだ。この二人、年度末の自分の転任に紛れて、二人揃って失念してしまったのである。

▼「事件」を迷走させた学校態勢

また少数組合の出番である。市教委に申し入れを行なう。ここでも出てくるのは、管理運営事項、人事評価問題は交渉事項ではないという理屈。しかしそんなことはかまっていられない。押し問答の結果、交渉のテーブルは設定された。市教委の結論は「大変遺憾である」。教育委員会の労務の役人はあきれ返るばかりである。この失態に対して組合が要求したのは、管理職二人による謝罪と自己観察書の直接の手交、二人に対する適切かつ重い処分である。

結論だけ記そう。二人の管理職は、当該職員二名（事案当該教員と学年主任）と同席する私たち組合役員に対し謝罪、途中すったもんだがあったが、半年遅れて自己観察書を手交した。すでに6月の勤勉手当は支給されている。覆水盆に返らず、である。取り返しのつかないことになったのだから、それなりの責任はとるものだと考えていたが、市教委は二人に対して厳重注意をおこなったのみ。身内には甘いのである。

処分こそ出なかったが、この一連の出来事は、救護措置処分問題にあっては大きな意味があると考えている。ざっくりと言ってしまえば、この二人の管理職のあまりの無能、無策が露呈したということである。この程度の管理職が、校内で起きた複雑怪奇な案件に対して、まともな対応ができるとは思えない。思い返せば、当該教員に対する生徒からの訴えに対しての直対応ぶりは、驚くばかりの稚拙、杜撰さだった。

人事案件というものは基本的に管理職が対応すべきものである。ところが、この問題の聞き取りの先頭に立ったのは主幹教諭であった養護教諭である。校内の生徒指導にあっても、養護教諭が前面に出て生徒の聞き取りをするということは一般的に避けるものである。養護教諭という仕事柄、直接的な利害関係に立たず、心身の健康面でのフォローを行なうからである。ところが、この二人の管理職は養護教諭に生徒の聞き取りを任せた。対象が女子生徒ということもあったことは推測できるが、それ以上に彼女が主幹教諭であったことが大きかったのではないか。10年近く前、新たに導入された職である主幹教諭は、管理職ではないが、管理職を補佐する職と位置付けられている。どの世界でもそうだが、職と能力が常に一致するわけではない。能力より忠義である。２０００人を超える主幹教諭を有する横浜には、バランスの悪い主幹教諭など掃いて捨てるほどいる。

そのうえ彼女は養護教諭である。養護教諭はふだん集団の中で生徒を見るのではなく、具合の悪い生徒、いじめられる生徒など、いわば立場の弱い生徒の側に立つ存在である。今回の例で言えば、「被害」生徒の立場に立ち、何があったのかという事実より、何をされたのかという「被害」状況を聴くという立場となってしまう。結果として恣意的で誘導的な聞き取りとなったことは否めない。

この時期の中学生に向き合う教員は、さまざまな局面で彼らの被暗示性、被誘導性、迎合性を心に留めておかなければならない。そうした点に全く思いが至らず、便宜的に養護教諭に中心的な聞き取り役を任せてしまい、それを根拠に当該教員に「思いあたることがあるだろう」と迫ったのが、この二人の管理職なのである。

▼子どもが育つ学校環境・教員文化の崩壊

自己観察書問題もこの問題も根っこは同じである。中学の教員として、管理職としてごく当たり前の能力を保持してさえいれば、これほどの問題にはならなかったのではないだろうか。

2カ月間も続いた聞き取りからは不確実なものしか出てこず、わいせつ、セクハラ行為は特定できなかった。卒業まで半年の中3の学級担任である当該教員については「体調を崩して休んでいます」とするアナウンスのみを繰り返し、代替要員すらまったく確保しなかった。その結果、多くの保護者、生徒の不信感を買うこととなった。さらには地域からの強力なプッシュに屈し、職員の意向に耳を貸さず、卒業アルバムから当該教員の写真を削除するなどの行為に及んでしまった。事実を把握しようという姿勢はあっても、基本的にそのノウハウがない。せめて「疑わしきは罰せず」を旨として、丁寧に双方の主張に耳を傾けようという謙虚さがあったのなら、事態は違った方向に向かったはずと思うのだが。

新世紀に入ってからの教育改革において行なわれた新たな教員管理政策、とりわけ人事評価システムの導入や、主幹制度（東京では主任教諭も導入されている）の導入は、学校、教員という組織の弱体化を招来してしまった感がある。

職階制度や人事評価システムとは別に、学校の中には独特の組織論が存在する（した）ことはあまり触れられることがない。戦後長く続いた二人の管理職とその他大勢の一般職教員という、きわめてまれでかつ単純な鍋蓋構造は、ヒエラルキーのシステムではなく、教員同士の協働の文化を生み出してきた。端的に言えばこういうことである。学級担任や教科担任など教員の仕事は一見整然と分担されているかに見えるが、その実教員の業務はきわめて広範囲で、その境界はあいまいである。個人がカバーする範囲が特定しにくい。学校という子どもが育つ場の一つの特徴である。それは、人に向かう仕事の特徴かもしれない。学校のなかだけの微温的な文化であるかもしれないが、子どもが育つ場所にこうした文化が生まれるのはある意味必然であり、この国の学校においてその意義は十分にあったと私は考えている。そうした文化が、教育改革という名のもとに動脈硬化を起こし、崩壊し始めている、というのが私の現在的な認識である。次に述べる新任免職問題もその同じ轍を踏んでいると思うのである。

▼瑣末なミスをあげつらった免職理由

都立の中高一貫校の新任教員免職取り消し請求裁判は、２年の審理を経て、２０１４年12月に東京地裁の判決が言い渡された。都教委の「東京都公立学校教員を免ずる処分」が取り消された。しかし、裁判所は、校長による違法なパワーハラスメントに対する国家賠償法に基づく慰謝料請求については退けた。

私は、何度かこの裁判に足を運び、その経緯を見てきたが、免職取り消しは当然のこと、校長のすさまじいパワハラこそが本すじではないかと考えてきた。判決は免職を取り消したという点では評価できるが、事実認定についてはかなり杜撰かつとんちんかんであり、納得のいかないところが多い。都教委や当該校長に通ずる杓子定規的な狭隘さに満ちている。若い新人教員に対して、どうしてこれほどその振る舞いの一部始終をあげつらわなければならないのか、大きな疑問をもつものである。事件の詳細については、裁判の書面を読んでいただくのがよいのだが、ここでは私なりの検証と批判を行なっておきたい。

3年前の春、横浜における育鵬社版教科書の採択にかかわる集会に一人の若者が参加した。端整な顔立ちの生真面目そうな青年であった。彼の関心は教科書問題ではなく、今自分が陥っている困難な状況について意見を聞きたいということだった。

つい2カ月前まで都立高校の教員であった彼を、ここでは仮にA先生としよう。集会の休憩時間の間、彼は一年間の条件付採用を経て、この3月に免職になった経緯を話してくれた。彼がわざわざ横浜まで足を運んだのは、私たちが2004年から取り組んだ新任教員退職強要事件（拙著『教育改革とは何だったのか』2011年・日本評論社刊で詳述）が、今回の免職問題に通じるところがあったからである。経緯を聞けば、明らかに校長によって仕組まれた免職であり、都教委のなりふり構わぬ追認もまた明らかだと思った。

A先生は、2007年に理系大学の大学院を卒業後、2年間にわたり都立高校4校で非常勤講師を務めている。さらに2009年から2011年までの間、やはり4校において正規職員と同等の業務を行なう臨時的任用教員として勤務している。臨任教員の場合、採用試験に合格していないためその能力に問題があれば、当該校の校長はその旨を都教委に上申するのが常だ。彼が都合4年にわたって途切れることなく臨任教員を務めたという事実は、教員としての職務遂行能力に問題なしと判断されてきたと考えられる。その彼が、正規職員として採用されて1年を経て条件付き採用が解除されず免職となったのはなぜか。

被告都教委は、原告への評価として「提出物の遅れや不提出、遅刻等の基本的ルールを軽視する傾向」があり、「……観察授業において、忙しい中で時間をつくった他の教員に感謝することもなく、かえって意味があるのかと疑問を呈するなどの態度」をとり、「指導に対して幼稚な発言や主旨不明の言い訳を」行ない、「協調性の欠如は変わることがなかった」として、「採用を否としたことに何ら違法な点はない」と強弁する。そしてA先生が教員として不適格であることを根拠づける事実として①授業遂行において問題があったこと、②生徒や他の教諭に不適切な対応をしたこと、③決められたルールを順守しないこと、を挙げている。

列挙されている事実の多くは、教員の分限免職事件などによく見られる、日常の瑣末なミスや手違いを積み上げ、教員としての不適格性を立証するという常とう手段である。ばかばかしい点も多く、正直「いい大人が……」の感は否めないのだが、まずこれらについて一部を取り上げ、双方の主張を検討してみよう。

▼「あんたなんか教員失格だ」

まず授業について。都教委は、テストで0点をとった生徒に対して、A先生が揶揄するような対応をとったことを大きく取り上げている。具体的には、「0点の生徒の答案に『ある意味 Great!』と記載し、笑顔の入ったスタンプを押した。さらに0点は一人しかいないこと、0点をとる確率は6パーセントであるなど、あたかも生徒を皆の前で揶揄するかのような発言を授業中に行」なったことは、「成績の良くない生徒を無用に追い詰め、辱める行為で」不適切な行為であるとする。

原告側はこれに対し「ある意味 Great!」と記載し、「笑顔の入ったスタンプを押した行為は、ユーモアをこめて当該生徒を励ますとともに、0点をとったことについて反省を促す意図」があったとする。ところがそれに対し当該生徒が「あははは、0点とっちゃったよ。0点は私だけですか。などと0点をとったことに対する反省の素振りも見せず笑いながら教室内の生徒らに自らのテスト結果を公表していた」ことから、「笑いごとではないだろう。二択の問題が4つあるのだから、4つとも不正解になるのは確率として6パーセントぐらいだ。そこで1問でも正答できていれば0点は避けられたのに」と発言したに過ぎないと主張する。

読者諸氏は、こうした風景をどうみるだろうか。私には、A先生のユーモアが理解できる。しかし、そのユーモアはかなりシニカルであり、中学生には高度すぎて伝わっていないと思う。一方、あはははと笑って応じた生徒の態度は、恥ずかしさをごまかすための照れ隠しによるものであると見える。とすれば、A先生は無用な深追いをしてしまったかな、と思う。こうした深追いは、若い先生にはありがちなことである。

生徒にとって良かれと思ってとる言動が、逆に取られることなど学校では茶飯事である。人と人との関係で自分の思いが相手にいつもすんなりと伝わることなどなかなかないし、まして教師―生徒の関係である。私はこの時のアドバンテージは彼らが共有した時間であると思う。教科によっては年間140時間にもなる授業の中で、互いのくせや性格が了解され、付き合いが深まっていけば、多少シニカルなユーモアも理解されていくだろうし、教員のほうも自分の「くせ」をふり返り矯正していく。そんな中で若い教員は、無用な深追いがけっしてよい結果を生まないことも学んでいくのである。

問題はそのあとの周囲の教員の反応である。生徒が涙ぐんでいると聞いた学級担任は、本人の話を聞き、証拠となるこの答案に「5／25、5限初めに返却」と記入する。証人席に立った50代の学級担任は、被告代理人の「何でこれを書いたんですか」の質問に「話を聞いたのと、子どもが泣いているということで、これはあとでもしかしたら親から連絡が来る可能性があるなと思ったからです」と答えている。何とも周到なことである。こうしてこの小さな出来事は「事件」となっていく。学級担任はこのことを周囲の主任、校長に報告。校長は即座にA先生を呼び出し指導した。その指導というのが「生徒に対する人権侵害だ、どうやったってあんた一人で責任なんかとれんぞと激怒して怒鳴った」というのだからこの女性校長のすさまじさは並大抵のものではない。原告の陳述書にはそのほか「あんたなんか教員失格だ」「仮採用期間中だが、これでアウトの可能性が高まった」「この件をすぐに本庁に報告しなければならない」「今後一学期が終了するまでの間、あんたの授業にはすべて授業監督者をつける」と言い放ったという。これがのちの観察授業である。

その後校長はA先生と学級担任を伴い、3人で保護者宅を訪問する。そこで謝罪、今後きちんと「指導」していくことを伝えている。

経緯を追っていくとつくづくばかばかしく思えてくる。生徒に泣きつかれたことを、学年主任、教科主任は言うに及ばず、校長にまで報告する学級担任。A先生を呼び、あんた呼ばわりの恫喝まがいの叱責を行ない、わざわざ謝罪に同行する校長。この中高一貫校は、いつもこのような対応をしているのだろうか。謝りに来られた親からすれば、何でこのぐらいのことで、悪いのはうちの子だし、まあ先生もちょっとね、ぐらいの反応だろう。実際に保護者はどうしてこんなことで、ともらしている。

学級担任も50代教員であるのなら、生徒、教員の双方の事情を聴いて、互いにあとくされがないように手当てをしてあげるのが、学校の日常である。そのうえでA先生には、中学生ってこういう反応をしてしまうところがあるのよ、深追い厳禁、場をよく見てねぐらいのアドバイスで終わるのが通常ではないだろうか。

ところが判決は、「……原告の生徒に対する一連の対応についてC主任らが問題視してB校長に報告し、保護者に謝罪したことは当然であって、(原告の行為は)教員としての適格性を疑わせる行為と言わざるを得ない」とする。あまりに狭い了見というほかはない。失敗を繰り返しながら時間をかけて教員になっていく若者に対して、その一部を切り取り断罪しても、人は育たない。

▼観察授業ならぬ監視授業

このほか授業に関しては「練習問題を一人で解説して終わらせてしまったこと」「生徒から授業について苦情のメモが寄せられたこと」「授業中に携帯を利用して生徒から苦情が来たこと」等が挙げられている。いずれに対しても原告側は反論している。他クラスとの進度を合わせるために解説のみで終わってしまうことがあったこと。授業に対して感謝しているという手紙も来ていたこと。関数の計算のために携帯を使用したことなど、だが、これらもあまりに瑣末で、新人教員の不適格性を立証する材料としては不十分である。論評する意欲も湧かない。しかし、こうした授業の問題は、新たな懲罰を生んでいくことになる。B校長は、数日後A先生に対して「観察授業」を実施することを生徒の前で明らかにする。

私は観察授業という言葉を初めて耳にした。38年間を教員をやってきてもまだ知らない言葉があるのだ。公開授業、研究授業、参観授業、示範授業という言葉なら聞いたことがあるのだが、誰が観察するのか、おかしな言葉である。生徒は授業を受けているのだから、教員が観察するのだろうが、しかしB校長はそこにとどまらない。授業を受ける生徒に対して「4月から教員になったばかりのA先生の授業遂行に問題があるので、本日から一学期が終わるまで観察授業を行ないます。A先生の授業遂行に関する問題点や意見などがあれば、どの先生に対しても構わないので、ぜひ意見してください」（判決書・原告の主張）。生徒に観察しろと言っているのである。

これは悪意以外の何ものでもない。教員の世界では、生徒の前ではたとえ新人教員であっても、教員として敬する態度で接するものである。たとえ建前であっても、基本的な教授関係は守られなければならない。これを維持しなければ、学校など成立しない。誰しもが十分な能力を有しているわけでもなく、誰しもが子どもを惹きつける魅力をもっているわけではないのである。それでも教授関係が維持されなければ、学校の基本的な秩序は保てない。学校は教員と生徒の豊かな人間関係のみで成立しているわけではないのだ。大いなるディレンマでもあるのだが、このB校長の発言は、自ら学校としての枠組み、教授関係を、私怨によって破壊しているものと言える。

観察授業には、担当教科の教員だけでなく、その時間に授業のない他教科の教員も動員されている。誰もが、校長の命令に黙って従っている。教員にとっては大事な空き時間である。他教科の授業など特段の関心も興味もないから楽しいわけがない。彼らは、早く時間が過ぎないかな、と思って見ていたのであろう。その気持ちはよくわかる。しかし気の毒なのはA先生である。1カ月もの間、A先生は、生気のない無関心な視線にさらされながら授業を行なったのである。しかし都教委はこれに対し書面で「……観察授業では、わざわざ原告のために時間を割いて臨んだ他の教員に対し、何の挨拶もなかった。同月30日、観察授業が終了することになった際にも、他の教員に対し礼の言葉もなかった」（判決書・都教委の主張）とする。そしてこれを「協調性を著しく欠く行為」と断定する。う〜ん。

観察授業が終了した次の日の7月1日、A先生はB校長に対して、「他の教科の教員が観察授業に来て指導をする意味がわからない」と述べたという。当然のことである。「また、観察授業の真の目的は原告の授業をB校長の監視体制下に置くものであり、一定の裁量を与えられた闊達な議論を通じて行なわれる原告の教育活動を阻害するものであって、不当な目的によるものといわざるを得ない。B校長らが原告に対する指導の一環として観察授業を行なっていたとしても、原告は観察授業が開始された同月30日時点で、B校長らから観察授業の目的や期待される効果等の説明を一切受けて」（判決書・原告の主張）いないのである。

▼パワハラ校長の下、広がるA先生への悪意

さらに具体的な「不適切行為」が挙げられている。それについて逐一述べるのは、正直消耗感が強い。上記の0点事件と観察授業を見れば、あとは言わずもがなである。

問題はA先生が初任者であり、教育公務員特例法が定める初任者研修の対象であることである。88年に改正された教育公務員特例法は、初任者研修の期間を1年とした。それに伴い地公法が定める地方公務員の条件付採用は、教員に限って半年を1年としたのである。教員の研修は法で定められているものであって、一般の民間企業における業務内容の伝達研修とはかなり様相を異にするものである。またこのことによって教員だけが条件付き採用が解除されにくいといった状況が生まれる。

都の規定では校内において120時間、そのほか任地を離れて行なわれる研修が60時間行なわれることになっている。膨大な数字である。一般に公立学校においては新任教員であっても学級担任や校務分掌、部活動顧問も充てられることから、この1年を事なきを得て終了することは並大抵のことではない。近年、教員に採用されても1年を経ずに退職する教員が激増している。やや古い統計ではあるが、2010年においては、全国で300人近くの新採用教員が退職をしていて、その割合は採用者の1パーセントを超えている（詳細は不明だが、東京都は3パーセント前後と高率となっている。いわゆる肩たたき（＝勧奨退職）を積極的に進めているのではないか、と推測する）。

その理由の多くが、精神疾患などの病気によるものと、もう一つは能力的に問題があるとして勧められる退職強要。A先生の場合は、依願退職を拒否して免職となっているが、多くの場合、免職という履歴が残ることをおそれて、依願退職を選ぶのだ。

また、忘れてはならないのが、教育公務員特例法の改正は88年であるのに、新任教員の退職者が増え始めるのが、2002年の教育改革以降のことであることだ。

数年前にも東京都の新任教員の自殺がマスコミに取り上げられることがあったが、過酷な研修と校務のはざまで悩む新任教員が多いのも事実だ。しかし、なにゆえ21世紀に入ってから退職者が増えたのか。私は、彼らを仲間として迎える教員集団、職員室の変質が大きな要因と考えている。すさまじい多忙化の進行や事務量の膨大化、親からの過度なサービスの要求、クレームの増加といった問題もあるが、直接的には、合理性をもたない人事評価制度や新たな職階制によって、教員個々が孤立化する傾向が強まっているからだ。孤立化というのは、周囲の仲間に関心をもたない教員が増加しているということだ。

0点事件においても、新採用教員の問題を仲間の問題としてとらえるのではなく、忠臣よろしく管理職に訴え、そのレベルでの手っ取り早い解決を手助けしてしまう。観察授業にしても、どこから見ても懲罰、パワハラ、あるいはいじめと見えるのに、周囲の教員は異議を唱えない。まるで校長の悪意が伝播するように、A先生への悪意が教員間に根強く広がっている。校長へのおそれとA先生への悪意は裏表の関係にある。絶対権力による少数者排除の論理とよく似ている。

私も長い間多くの新人教員を見てきたし、私自身けっして優秀な新人教員ではなかったからよくわかるのだが、教員に「なる」というのは、容易なことではない。教員とされたその日から、教員は生徒の前に立つ、そして、教員としての立ち居振る舞いを要求される。ついこの間まで大学生であったり、民間企業の社員であった者なのだから、生徒や親との間に軋轢が生じるのは、ある意味当たり前のことなのだ。そのことに思い至らないB校長、周囲の教員たち、そして都教委の想像力の欠如は、いかんともしがたいものである。

▼B校長「あんたはくその役にも立たない」「殺すよ」

そろそろまとめに入らなければならない。さて裁判所が、瑣末なA先生の日常のミスをあげつらって不適格性を指摘しながらも、免職を取り消したのはなぜなのか。最後にこの点について触れて稿を閉じたい。

裁判では随所でB校長の言動が問題となった。彼女のパワハラ体質とも言うべきすさまじい君臨ぶりは、A先生にのみ限ったことではなかった。免職取り消しの大きな要因となったB校長の普段の立ち居振る舞いについて、まず触れておこう。

証言台に立ったC副校長は次のように証言している。

原告側代理人「C先生は2012年、平成24年に東京都を退職されていますね。これ、退職したのはどうしてでしょう」。

C副校長「……まあ、人のせいにはしたくないんですが、一番はB校長です」。

原告側代理人「具体的にはどういうことでしょう」。

C副校長「……そうですね。まあ、具体的にですか、具体的には、毎日怒鳴られて、罵倒されました。それは、あんたはくその役にも立たない、あんたなんかいないほうがいい、あんたは邪魔なだけだと、あんたは迷惑なんだ、……そういうのを何百回も言われました」。


C副校長は裁判所に提出した陳述書でも以下のように記している。

「私は、B校長に何を言っても怒鳴られ、黙ると「なんで黙ってんの！」と怒鳴られ、自分の考えを述べると「ふざけるな！」「生意気言うな！」と怒鳴られ、謝罪すれば「謝ればいいってもんじゃない！」と怒鳴られました。また、「あんた、殺すよ」「あんた、ただじゃおかないよ」などと、真顔で威嚇されたこともあります」。


原告側代理人「その言葉以外に、今おっしゃったのはB校長の発言ですけれども、言葉以外に何かありましたか」。

C副校長「私が持っていった報告書を投げ付けました」。

原告側代理人「それ以外にありませんか」。

C副校長「それから手帳をたたき付けました。それから机をたたいたこともそうですし、最後のほうですけれども、私が書類を持っていったときには目の前で引き裂きました」。

C副校長は、同僚のもう一人の副校長に相談したり、合宿研修の際には臨床心理士にも相談している。事情を忖度した都教委の支援センターの室長にも声をかけられ、事情を説明する。すると、

原告側代理人「……支援センターでご相談、あるいはお話しされたことについて、B校長から後日、何か言われたことはありませんか」。

C副校長「あります」。

原告側代理人「どういったことを言われましたか」。

C副校長「……あんたが支援センターで余計なことを言うもんだから、私はえらい恥をかかされたと、どうしてくれるのということで詰め寄られました」。

原告側代理人「B校長は２０１２年平成24年3月で東京都を退職されていますよね」。

C副校長「はい」。

原告側代理人「これ、退職された経緯、理由について何かご存知ですか」。

C副校長「……あんたは余計なことを言ったもんで人事部に呼ばれたと、人事部でいろいろ、自分、査問委員会じゃないけれど聞かれたと、それはパワハラだと言われたと、私はそれは我慢

できないと、自分は○○校のためにこれだけがんばってやってきたのに、そんな目で見られるのは耐えられないと、だから、私は辞めると言ったと、それもすべてあんたのせいだと、あんたは私の人生をめちゃくちゃにしたんだと、そう言いました」。

原告側代理人「人事部がB校長のパワハラを認めたということですか」。

C副校長「そういうことです」。

痩身で線の細い生真面目そうなC副校長は、傍聴席からは背中しか見えないが、全身全霊、力を振り絞るように詳細な証言を行なった。のちにB校長は、この証言に対して「(C副校長と)やりあったことはあった」として対等であるかのような印象を与える証言をしている。また「あんた」ではなく「あなた」と言ったと証言している。「あなた」であっても失礼だと思うのだが、どちらが事実を伝えているかは推して知るべしである。

なお、「人生をめちゃくちゃにされた」B校長は、2013年度から都内の教育系私立大学の付属高校の校長となって、現在に至っている。「めちゃくちゃ」ではなく「ちゃっかり」な人生ではある。

▼B校長、年度途中で初任者指導教員を取り上げる

さて、初任の教員に対しては、法は初任者指導教員を配置することを義務付けている。D主幹が

A先生の担当である。ことの発端は、彼とA先生の間で起きている。実はこの問題が、判決に大きく影響していると考えられる。

6月、D主幹はA先生に対し、総合的学習の時間で行なわれる上野・浅草方面の校外学習について、課題を出したという。実際に行動を共にする中から、誰でもいい、生徒について具体的な評価を書いてほしい、というのが課題のテーマだ。D主幹はA先生に、6月10日に行なわれた校外学習を経て13日に課題の提出を指示したという。13日、A先生は課題をD主幹に提出。しかし、D主幹は「一般的なことしか書いていなかった」として、これを受け取らない。月末になっても提出されないことにD主幹はイライラを募らせ、B校長にそのことを報告する。すると、B校長は、「課題が出るまでもうやらなくてよい」と判断。この時点で実質的にD主幹は、初任者指導教員を外れることになる。

私は、傍聴席でD主幹の証言を聞いていたのだが、冷静に証言しているようで、A先生へのいら立ちが透けて見えてしまうような口ぶりであった。尋問では原告側代理人から、0点事件からこの課題提出問題に至るまでの間に、B校長とD主幹の間でA先生に対する評価について何らかのやり取りがあったのではないか、と追及されるが、これについてはなかったと証言。しかし、おかしな話である。課題が提出されないと、次の研修に進めないというのがD主幹の言い分のようだが、一般的には初任者指導教員の言動としてありえない。私も何度か初任者指導教員を担当したことがあるが、まず担当の役割として、学校についての知識の全くない初任者が、学校に流れている時間にうまく乗っているかどうか、生徒や保護者対応で困っていることはないか、自分一人で無用な悩みを抱え込んでいないか、そんなことを念頭に研修を始めるものである。6月はまだそういう時期である。

A先生の場合、一定の経験があることから、それとはまた違った対応が必要だったと思うが、A先生が歴任してきたのはすべて高校であり、中学生に向き合うのは初めてのこと。総合的学習の時間の扱いについても、高校生と中学生ではおのずと大きいな違いがあるのである。一枚の課題が出ないからと言って、校長に報告し、それを理由に担当を下りるなどというのは、裏に感情的なしこりのようなものがなければ出来するはずのないことだ。D主幹が、C副校長にA先生の初任者指導教員を下りると伝えたくだりがある。

原告側代理人「……C先生が、D先生が指導教員から外れるということを聞かれたのは、まずいつ誰からでしたか」。

C副校長「6月28日に、D先生が私に、Aさんの面倒は見ませんから、というふうに訴えを聞きました」。

原告側代理人「それに対してC先生はどうされましたか」。

C副校長「突然のことなので、え、それはちょっと、というふうに申し上げたところ、もう校長の了解は得ていますからと、校長の、オーケーと言いましたね、オーケーは得ていますからと。それだけです」。

副校長も知らない間に、主幹と校長の間で「面倒を見ない」ということが確認されている。基本的には初任者研修が終わらなければ、条件付き採用は解除されないのだし、その指導者が年度途中で下りてしまうという事態は、すでに緊急事態である。しかしD主幹はそんなことはお構いなし。人ひとりの人生にかかわる事態に対して「オーケーはとってありますから」という軽口には驚く。

▼頬かむりの都教委・ごりおしのB校長

私はこの6月段階で、B校長はA先生の条件付き採用を解除しない方針を固めていたのではないか、と推測する。D主幹はそのアシストを自ら買って出たのである。D主幹は教務主幹であり、学校の要である。B校長が赴任する以前から在籍しており、同じ保健体育科で大学の後輩ということからB校長からの信頼の篤い教員であった。C副校長は、裁判所に提出した陳述書の中で「指導責任者である私は、本来、指導教員であるD先生を統括するような立場にあるのですが、私は、B校長の信頼の篤いD先生に対しては、お願いして仕事をして頂いているような状態でした」と述べている。いびつな学校運営がまかり通っていたことがわかる。

A先生も手を拱いていたわけではない。10月に行なわれた指導主事訪問の際、指導教員不在について指導主事に伝えている。

C副校長より状況を聞いたO課長とK主事は、そんな報告は受けておらず、初めて聞いたという、非常に驚いていていました。また、O課長は、「初任者研修のことについては、これから関係部署と協議して対応しますので、しばらく待って下さい」とも話しました。私は、この面談がきっかけとなって、D主幹の後任の指導教員が任命され、校内研修が再開されると期待していました。（A先生の陳述書）

しかし、A先生は都教委から何の方策をも示されない中で、3月まで初任者指導教員が不在のまま、勤務を続けることになる。1月にもA先生は都教委勤労課に相談をしている。しかしこれにもまたなしのつぶて。都教委は明らかに意図的に、違法状態を放置、B校長の措置を追認し続けたのである。

しかし校内ではD主幹抜きに研修が続いている。C副校長の尽力によるものだ。教科活動については、別の主任教諭が担当しており、敵性証人として証言台に立ったこの主任教諭は、A先生の研修は一定の成果が上がったと証言している。また他の研修についてもC副校長は調整役を務めて、実施を進めている。しかしこれらの研修時間について、B校長は報告書を認定せずC副校長に書き換えを命じている。彼女はその際「そんなの認めないよ。どうせ雑談やってるんでしょうと、そう言いました」（C副校長の陳述書）。結果として報告書には研修時間が規定の時間に達していないことになる。

B校長は、D主幹を指導教員からはずしたあと、副校長に指導教諭を頼んだと言う。

原告側代理人は、副校長は指導責任者であって、指導教諭にはなれないのではないか、と指摘したのち、

原告側代理人「(副校長を)指導教諭として任命したのですか」。

B校長「代わりにやるよう指示しました」。

原告側代理人「指導教諭として任命したのですか」。

B校長「……責任者と、指導教諭の部分もやるように指示を出しました」。

原告側代理人「文書で」。

B校長「口頭で」。

略

原告側代理人「それ、都教委に届けるんですか」。

B校長「届けます」。

原告側代理人「Cさんが指導教諭だということは、届けてますか」。

B校長「C先生が僕でいいんですかと言うから、センターに確認をしなさいということを言った覚えがあります」。

原告側代理人「そんなこと聞いていません。あなたが都教委に届けてますかと」。

B校長「わたしはしてません」。

原告側代理人「じゃあ、Cさんが届けたかどうかの確認はしましたか」。

B校長「確認したというより、C先生が、僕がやるんですか、僕がやるんですかとおっしゃっていたので、あなたにやってもらう以外はないでしょうということで……」。


このやり取りにいら立ちを隠せない裁判長がさらに自ら確認をする。


裁判長「都教委に確認しましたかと聞かれているので、そういう行為をしたかどうか、簡単に答えてください」。

B校長「最終的にはしました。センターに確認しました。来たときに」。

原告側代理人「いつ」。

B校長「2月の、その（報告書を）見せたときです」。

原告側代理人「あなたが付けてないのは、6月の終わりから2月までずっと付けてないんですよ」。

B校長「付けてないというのは、何を」。

原告側代理人「指導教諭を」。

これほど杜撰な話はない。都の初任研の要綱には、指導教諭は主幹教諭もしくは教諭をもって充てる、となっている。副校長は指導教諭にはなれないのである。

指導教員に任ぜられた？　C副校長は、A先生についての職務実績記録を記しているが、11月5日以降、この記録者としてC副校長の名前は出てこない。原告代理人の質問に対しC副校長は、「まあ、あんたじゃ話にならないから、もうあんたは書かなくていいと、私が書くとB校長は言いました」と答えている。このようにして、A先生の免職の上申の中味が少しずつ積み上げられていく。

しかし、この問題について都教委がB校長に確認した形跡はない。この中高一貫校ではなにやら教員間のトラブルがあるらしい、ぐらいのことは考えていたはずだ。2月になってB校長が指導教員を引き上げていたことが判明した時点で、問題ありとして事情聴取をするのが通常だ。まして、その校長が採用を「否」とする報告書を上げているとすれば、のちのち裁判になった時に持ちこたえられるか、といった判断をするはずだ。ところが、都教委は校長の報告書を鵜呑みにして、免職を決めてしまうのだ。

▼免職は取り消されたが、B校長のパワハラは認定されず

そうして2月。A先生は校長室に呼び出される。

「翌8日の午後5時半に、C副校長に連れられて校長室に入室したところ、B校長とE副校長（この中高一貫校は副校長が複数配置されている）が、私の到着を待っていました。面談が始まるや否や、まずB校長は、「私は、あんたには○○に残ってほしくないと思ってるので、正式採用すべきでないという『否』の評価をこれから書く。そしてその評価を都教委に報告するつもりだけど、あんたをクビにするか、ここに残すかはすべて人事部が決める。今日ここに呼んだのは、あんたが教師不適格である理由を伝えるためだよ」と話しました」（A先生の陳述書）。そしてその理由を「B校長は、私の正式採用を『否』とする理由の一番初めに、私の初任者研修が未修了である事実を掲げました」というのである。

3月31日、A先生は失職した。

十分に経緯を追うことができたとは思わない。裁判記録の中には、A先生が歯噛みするような校長の不当な対応がたくさんあるが、多くは割愛せざるを得なかった。

条件付き採用については過去の多くの判例が示すように、「条件附採用期間は、採用段階で実証された能力が実際の職務において基本的に生かされるかどうかの検証の期間であり、競争試験等の次の段階での新たな能力・適格性の判定の機会と解すべきではない。競争試験等で実証される能力とは、単なる知識力ではなく、当該職の職務遂行能力であり、したがって、いったんその実証に基づいて採用された職員は、六か月の間（教員の場合一年）、通常の勤務成績職務を遂行するかぎり、職員としての能力・適格性が判定されたものとして、正式採用されるべきである。この意味で、本条一項にいう『良好な成績で』とは、『通常の成績で』の意と解すべきであろう。」（基本法コンメンタール地方公務員法新版・日本評論社）とするのが、一般的であって、多くの免職取り消しの判決はこれに拠っている。

条件付採用非解除、免職裁判がさほど多くないのは、いったん免職としたとしても、こうした法解釈によって処分が取り消される例が多いからであり、そのことを知悉した行政が、暗に依願退職を勧めるからである。

判決は、次のように述べている。

「本件紛争の経過を見ると、着任当初の原告の振る舞いに、B校長が原告の教員としての資質に疑問をもちつつあった中で0点事件が生じたところ、その過程でのB校長らのやや過剰あるいは厳しすぎる指導に対して原告が納得せず反発し、B校長がさらに否定的な評価をするという悪循環を招いたといえる。また、B校長のC副校長に対する評価の低さ及びそれに伴う両者の関係の悪化が、B校長と原告との関係にも影響を与え、さらなる混乱を招いたと考えられる。仮に○○中学以外の学校で原告が初任者研修をうけていたならば、原告も成長を遂げ、免職されることはなかった可能性は十分に考えられるところである。B校長の評価のように『どこの学校に行っても戦力にならない』とまでは言えない。B校長の前記総合評価は、生活指導・進路指導に関する不合理な評価を含むほか、不十分な初任者研修にとどまった弊害に留意することなく判断したものであって、客観性を欠き、かつ不合理なものであったと言わざるを得ない。」として、B校長の判断に依拠した都教委の免職の判断は「客観性を欠き、不合理なものであって、裁量権の逸脱、乱用があるものと認められるから、本件処分は取り消しを免れない。」としたのである。

判決はA先生の免職を取り消した。しかし数々のB校長の言動については「厳しい」「否定的」といった表現にとどまり、パワハラについて「沙汰なし」とした。判決はこの事件を「紛争」と表現している。コップの中の嵐のようなものということか。

紙幅が尽きた。初めに述べたように、新世紀に入ってから学校は大きく変質してきている。人事評価制度や新たな職階制、研修の強化といった教員管理のみならず、道徳の教科化や現場を無視した教科書採択、数値目標を設定しての学校評価など、今や学校現場は次々に供される料理を何の吟味もせず、丸呑みしているような状態である。問題は、そうして食した結果、食中毒が起きたとしてもそれに気づかない体質がつくられつつあることだ。せめて仲間や同僚に思いを馳せ、子どもたちの育ちを自ら構想するような教員の文化の再生を願わずにはいられない。誰もが自分の中の欠けている部分に気づくからこそ、他者の欠けている部分に対して寛容になれるのである。人が育つということ、人を育てるということ、真摯にそのことを考えたとき、不寛容が広がりつつある現在の学校のありようを見直すことがもとめられているのではないだろうか。

追記

（1）横浜中学救護措置処分事件の人事委員会審理は、2018年4月に終結した。4年間の書面のやり取りと4回の公開口頭審理は、当該教諭が炎天下での部活動指導中、熱中症が疑われた女子生徒に対し行なった行為の適否を問うものであった。被告市教委は処分理由をかさ上げして、当該教諭にわいせつ的な意図があったと主張、原告側を支援する横浜学校労組と弁護団は、当時の状況をつぶさに再現、検討するなかで原告の行為の適法性を主張した。

人事委員会の裁決は、原告側の主張を全面的に認め、管理職、北部学校教育事務所の思い込みによる杜撰な対応を厳しく指弾するものであった。減給3カ月10の1は取り消され、市教委は利息と合わせて当該に現金を返納した。10月、原告と双方の代理人が一堂に会する場において、市教委は処分の不当性を認め原告に謝罪を行なった。処分から5年を経ての事件の終結であった。

（2）都教委は一審判決直後これを不服として控訴した。2015年3月10日、その第一回弁論が開かれ、5分で即日結審した。同年4月16日東京高裁は一審を支持、都教委の控訴を却下、判決は確定した。

東須磨小学校の教員いじめを内なるものとして見つめる

▼見えてこない「対岸」への想像力

東須磨小学校の事件が露見したのは２０１９年10月はじめのこと。その後、加害教員らへの正式な行政処分、警察の立件、第三者委員会の報告も出たが、被害教員の現状や東須磨小のその後も含め、この「事件」わからないことが多い。テレビの報道番組は、加害教員らが被害教員に激辛カレーを食べさせるシーンや新車の上で飛び跳ねるシーンなどを繰り返し流すが、肝心の事件の全体像や問題点は明らかになっていない。

今、世間の耳目は、頻発する教員のわいせつ事件に傾いている。先般の国会では教員の働き方改革が論議されて、世間の視線は「先生も大変だね」に傾きかけたが、今、この事件も含めて「何やってんだよ、先生」の声が小さくない。

現場に目を凝らせば、教員志望者は激減し、臨時教員の補充もままならない。毒にも薬にもならない変形労働時間制導入を法制化した政府は、これからは「教員」という呼称はやめて「教師」でいきたいと「教師の日」設置に前向きだ。

なんだかいろいろなところが妙な具合だ。動画を過剰に繰り返し流すのも変だし、集団リンチのような加害教員叩きもおかしい。教育委員会の脈絡の欠けた対応、市長や議会の拙速すぎる処分、一言居士の文科省……。

自分たちは正常な「此岸」にいて、異常事態の「対岸」を一斉に叩く。「対岸」が少しでも声を上げようものなら、批判の声は倍加する。この数カ月、この事件をめぐる状況が私にはそんなふうに見えて仕方がなかった。

私たちの中に「対岸」はないのか。「対岸」の異常さや暴力は私たちと無縁なものなのか。

私は公立中学の教員を38年間務めた。特に賞罰もないありふれた教員だった。独立組合の役員を長く務めたとか、教育改革についてたまに雑文を書くことから、少し変わった教員であったかもしれない。しかし組合も雑文も、今思えば自分が居続けた「対岸」と「此岸」の関係を見定めたいという欲求のあらわれでもあった。そんなやや偏屈な元教員の眼にこの神戸の事件がどう映ったか、しばしお付き合い願いたい。

▼校長の自校昇任、神戸独得の人事システム

初めてこの事件の報道に接したのは東須磨小の校長仁王美貴氏の会見だ。苗字の迫力とは裏腹に、私の印象はありがちな校長だった。その仁王氏の発言。「嫌がらせを把握したのは6月、調査

した結果7月に4人の加害教員に個別指導、被害教員が『大丈夫です』としたため、市教委に対しては『人間関係のトラブルがあったが指導した』と報告した」と経過を説明。その2カ月後、被害教員が警察に被害届を出したことから、4人の教員の暴言、暴行の状況が表ざたになり、仁王氏は事件を隠蔽したとマスコミに叩かれた。

会見で仁王氏は、市教委が「校長は解決したと言った」としたのに対して、「指導した」とは言ったが「解決した」とは言っていないと反論。公的な会見の場で主張が食い違った。現場と行政の足並みの乱れは、今に至るまで続く神戸市教委の粗雑で無責任、その場しのぎの対応の端緒であった。

私は、仁王氏の前任の校長柴本力氏の存在が気になった。ここ数年、東須磨小の職員室が、柴本力氏の影響下にあったことをいくつものマスコミが指摘していたからだ。

柴本氏は2016年4月、教頭として東須磨小に着任。2018年4月には自校昇任して校長に。同時に仁王氏が教頭として着任する。柴本氏は校長就任一年後の2019年4月に他校へ転任、仁王氏が自校昇任して校長となる。

私が勤務していた横浜では、自校昇任は珍しいが、神戸では自校昇任が一般的だという。

仁王氏は柴本校長の下、一年間、教頭としてほとんどの時間を職員室の上座に坐り続けた。「嫌がらせを把握したのは（校長となった2019年）6月」（仁王氏）としているが、はたしてそうだろうか。会見では「（教頭時代から）人間関係に違和感を感じていた」、その一例として教員が同僚を呼び捨てすることや目下の人間に対して物を放るとかを挙げ、「職員間の関係が気になっていたので、(ハラスメント行為に気付くことが)全くなかったことはないと思う」とは話している。他人事風の言い方にちょっと驚く。仁王氏はハラスメントに気付きながら、具体的な行動を起こすことはなかった。職員室に常駐して児童や職員の情報を得て、必要があらば介入、指導するのが、一般的な教頭の役目だ(もちろん、それがいつも的を射たものばかりとは言えないのだが)。仁王氏は職場の人間関係に違和感をもちながら1年間介入をしなかった。職務怠慢のそしりは避けられない。が、問題がそう単純ではない。

▼柴本前校長のハラスメントは何をつくりだしたか

仁王氏が赴任した時、職員室にどんな空気が流れていたか。教頭だった柴本氏のパワハラのエピソードがいくつか報道されている。その一つ、2018年1~2月、市のハラスメント相談窓口に、某教員から柴本氏の「裏切ったらどうなるかわかるやろ。完全に切る。だから誰についたらいいかわかるやろ」との発言が持ち込まれている。一般教員が校外の相談窓口に出向くのは珍しい。個人へのハラスメントの外部への持ち出しが「チクリ」と蔑まれるのはどこの世界も同じだ。それでも「対岸」から「此岸」に相談があったということは、柴本氏の職員室内オルグがそれほど熾烈で執拗なものだったということだ。教頭の動きとしては、かなり異様なものであった。

この内部告発に対して市教委はどう対応したか。柴本氏の校長就任1年での転任が懲罰的な措置である可能性はないとは言えないが、もしそうだとしても遅きに失した感がある。平行異動で状況の打開を図るやり方は組織にはよくあることだが、多くの場合、あまり成功しない。問題が温存されてしまうことが多い。ふたつ目の校長としての職場で柴本氏はどんな振る舞いをしていたのか。そこを見てみたいと思う。それにつけてもこの内部告発によって問題を切開していたならば、一年後の事態は避けられたのかもしれない。

柴本氏のような人物は、職場の中の敵／味方をはっきりさせたがる。敵とみなした者に対しては、徹底的に嫌がらせをする。告発された裏社会まがいの発言はまさにそのもの。ＰＴＡや地域にも触手を伸ばしていただろう。東須磨小で新たな事業が始まったという話はないから、柴本氏の脅しの意図は、単に自分のやりたいようにやりたいという、ほとんどアナクロの稚拙な権力志向以外のものではないと思われる。学校には時にこうした「いじめっ子」教員があらわれることがある。

その柴本氏の後任の教頭として赴任してきた仁王氏に何ができたか。無体な行為が職員間でどれほど繰り広げられようと、その空気は前任者の柴本校長がつくったもの。教頭が介入、指導するにしても、それはそのまま校長室に注進されるだろうし、仁王氏自身が校長に相談すれば、そのまま柴本校長への批判となってしまう。仁王氏は三ザルを決め込まざるを得なかったのではないか。

荒れていた中学に長く勤務していたころ、「見る」ということの不思議さに驚かされたことがある。他生徒の傘や弁当を平気で盗っていくフリョー生徒を問い詰めるために、教員は一般生徒に「いま、盗られたんだよね、見てたよね」と確認するのだが、一様に「見ていません」と言う。「だって、ほらいま、君の目の前でさ……」「見ていません」。私は、彼らがフリョー生徒に対する恐怖感から事実を言えないのだろうと思っていたのだが、何度も同じような場に出くわしながら、自分の見当違いに気づいていく。彼らはほんとうに見ていないのだ。たとえ目の前で起きたことでも、見たくないことに対しては脳は「見てない」という判断をする。人間の目は対象を正確に写し込むカメラではない。これは教員にも当てはまることだった。喫煙する生徒を見かけても、「先生、さっき見てましたよね」「え？　あれ、そうだったっけ？」と言われたことがある。自己防衛のために認知機能がショートするとでも言えばいいだろうか。

仁王教頭も同じだったのではないか。よけいなことをせずにいれば、いずれここの校長になれる。空気に違和感をもったとしても、自ら窓を開けて換気はしない。教頭は人事評価で校長に首根っこをつかまれている。一つ間違えば自校昇任はなくなる。それを察するから、職員の呼び捨てを注意したとしても、ほとんど重みをもたなかったのではないか。「言い流し」という言葉はないが、「とりあえず言ったよ」という意味での言い流しは、そのまま「聞き流し」につながる。職場に流れている空気を放置し、結果的に「教員いじめ」温存に手を貸したと誹謗されても、教頭の立場としては言い逃れは出来ない。胸のうちにはさまざまな思いが渦巻いていたとは思うが。

▼独特の人事異動システムが職場の中の「空気」をつくる

いつの世でもそうだが、むやみに権力を誇示するようなリーダーの下にはコピーのような小権力者が現れるものだ。アメリカや日本のリーダーを見るまでもなく、上から下までそのミニチュア版は全国至る所にいる。柴本氏が連れてきたといわれる加害教員のリーダーの女性教諭がまさにそれだった。

神戸市の校長は、1~3月には「人買い」に走るという。神戸独特の人事異動システムだ。本来は、強制配転などを排するための「希望と承諾」を前提としたシステムだったはずが、必要な教員を校長が行政の介入なしにかき集めるシステムに変わってしまったようだ。財政も人も足りない学校にとって人を「引っ張ってくる力」の有無は大きい。この中で独得の系列が学校の中に形成されていく。

柴本系列は、人が人を呼び増殖して職場の空気を支配する。3人の若手男性教員らもその一部を形成したのだろう。自校昇任や異動のシステムの経年劣化が、職員室の中に濁った「空気」の滞留を呼びこんでしまったのではないか。

▼いじめはどのように広がったか……傍観する周囲の問題

校長であった時期に柴本氏は、この事件の被害教員に対して「女性と遊ぶ暇があったら一人前になれ」と他の教員のいる職員室で叱責したことがあったという。「標的」をはっきりさせ集中的に攻めるのは、支配欲の強い彼らの常とう手段だ。最近の若い教員らのTwitterにも、他職員がわざわざ生徒の前で自分を叱責することへの苦しい胸の内が吐露されている。彼らは、そのことで生徒に軽く見られるのがなにより辛いという。柴本氏の叱責が「あいつになら何をやってもいい」というスイッチを入れたのではないか。

横浜でも、職員室の中で長時間立たされたまま主幹教諭に「指導」を受け、療養休暇に入った初任者のケースや、校長と教務主任が新任教頭に嫌がらせを行ない、療養休暇に追いこんだというケースがあった。同僚の前で叱責、罵倒を繰り返す。ドラマではよくあることでも、ふつうのメンタルの人間は、これを1、2回やられれば立ち上がれなくなる。

東須磨小でもこれに類する行為が日常的になると、周囲は理由を勝手につくり上げて逃げに入る。あの言い方はひどいがあれも指導のうちだ、そんなに嫌がっていなかったじゃないか、彼にも問題がある等々。そうしていつしか目の前のことが「たいしたこと」ではなくなり、自ら目をふさいでいく。

新車の屋根に上るとか、激辛カレーを無理やり食べさせるといった暴行だけでなく、日々の何気ない言葉遣いや一挙手一投足にさまざまな悪意が込められ、いつしかそれが日常となる。周囲は徐々に麻痺していく。違和感をもったとしても、その中身をじっくり考え仲間と対応策を練るほど学校に流れる時間に余裕はない。重要なのは、最初のとっかかりの時点で感じた違和感を言葉にして、加害者に伝えるというシンプルなことなのだが、大人は子ども以上に臆病で御身大事なものだ。

2019年4月、柴本氏が去り仁王教頭が校長となるが、「空気」は変わらない。仁王氏は校長室に入り、ほっとした半面、校長としての指揮権に実質が伴わないことを認めざるを得なかったはずだ。前任校長について会見で問われ「校長ですので厳しい指導もあった。その厳しさが適切かどうかといえば、適切でない部分もあったかもしれない。すべて適切かというと自信を持って言えない」と述べている。この発言は、何もさせてもらえなかった柴本氏へのささやかな意趣返しだったのかもしれない。

同じ会見で「加害教諭と被害教諭は2018年度までは良好な関係にあったが、加害教諭が被害教諭のプライベートなことを他の教員に話したことがきっかけに疎遠になった」と、暴行、暴言がエスカレートしていったとしているが、これは柴本氏がいなくなったことで、職員間のタガが外れ、ミニ柴本としての4人の行状が野放しになっていく過程を表しているのではないか。

▼なぜだれも止められなかったのか

彼らがはたらいたハラスメントの数々は50とも100ともいわれる。被害教員に対しては児童や保護者からも同情の声が多い。やや気の弱い真面目な先生だったのだろう。しかし「そんなにされるまでなぜ何もできなかったのか?」という疑問を多くの人がもったはずだ。「此岸」からはこのあたりがよく見えないものだ。

激辛カレーや新車の屋根に上るなどのほかに、熱湯の入ったやかんをほおに押し付ける、コピー用紙の芯(コピー用紙に芯はない。印刷機の原紙の芯ならわかる。これはかなり硬い)で尻を叩くとか、「クラスを潰したれ」と児童をけしかける、ボケ、カス、犬などの暴言……数え上げれば愚行はきりがない。

いじめにかかわった中学生に「なんでこんなことやったのか?」と訊けば「はい、ついノリで」と答える。この教員たちもあまり変わらない。本人たちにとっては、当初は仲間内の「いじり」が少し度を越した程度の認識だったのではないか。

在職中、いじめに関わる対応で難儀したのは、どんな関わりをすれば加害生徒が自らのいじめ行為を認めて、反省や謝罪につなげられるかということだった。

仲間内のたわいのないじゃれ合いが、いつの間にかプロレス技になり、暴行になる。被害生徒は痛みを感じはするが、場の雰囲気を壊せなくて、笑ってごまかす。はじめは適当なところで終わり一緒にゲームに興じたりする。被害生徒はグループから離れたい気持ちはあるが、言い出せない。そのうちプロレス技は過激になり、苦痛が大きくなる。「やめてくれ」とは言いだせない。気づいてほしいとサインを送り始める。父母や友人が「いじめではないか」と考え、ようやく大人が介入する。

みんなで遊んでいただけ。だって友達だし。こいつだって楽しんでいたんだ。帰りはいつも一緒だし、塾だっていっしょだよ。殴る蹴る? オレ、一度だけ蹴ったことあるけど、グーで殴ったりしていない。謝れって言うなら謝るけど、いじめって言われるのは心外……。「だけ」がいくつも集まって「暴行」になる。彼らは寄ってたかっての暴行を企図したわけではなく、あくまで仲間内のちょっとしたあれなのだ。被害者も次々に入れ替わり、個々に問題の根深さを気づかせるのはかなり難儀だ。放置すればいじめが再開したり、逆に被害生徒が不登校となることもある。

被害教員は「やめてくれ」となぜ言い出せなかったのか。彼は、最初にあっただろう「たわいのないじゃれ合い」の時に全力で「やめろ！」と言うべきだったのだ。止められる可能性が最も高いのは「始まり」の時に感じるどこか胡乱な空気だ。たとえ行為を制止できなくても、胡乱な空気への拒否の表明が回避策となる可能性が高い。

ではなぜ、いじめがエスカレートしていく過程では「いやだ」とか「やめてくれ」と言えないのか。

いじめは、街で見知らぬならず者に言いがかりをつけられ、恐喝されたり暴行されたりするのとは全く違う。顔も名前も素性も互いによく知っている者同士で起きる。つまり被害者も加害者もみな同じ「対岸」にいるのだ。はじめのちょっとしたじゃれ合いに異を唱えなければ、それは了解、あるいは暗黙の同意になってしまう。

▼多くの教員は「対岸」を支配する空気に抗えなかった

リーダーと目される女性教員が書いたという謝罪文。

「……本当にそれまでは、被害教員には自分の思いがあって接していたつもりです。自分の行動が間違っていることに気付かず、彼が苦しんでいる姿を見ることは、かわいがってきただけに本当につらい、、、です。どうなっているのかと、ずっと思っています。……」

「思いがあって接して」「かわいがってきた」「ずっと思っています」。まるで恋文である。これらの記述から、彼女が被害教員のことを同じ「対岸」の親しい仲間と認識していたことがわかる。傍点部では、彼の苦しみが自分の行為によるものだという認識は薄く「本当につらいです」と、まるで他人事のように言う。自分の行為を、暴行、暴言ではなく、仲間うちの「じゃれ合い」の中に押し込めてしまいたいのだろう。また謝罪文の前段の「子どもたちに対して申し訳ないです」には強い違和感がある。ここまで来てもなお自分が児童の前に立つ教員であると考え、謝罪しているのである。なぜ子どもたちが出てきてしまうのか。自分が貶めた被害教員と子どもたちの対置。このなんとも言えない居心地の悪さは何だ？「此岸」から彼女の謝罪文を見て唾棄するような感情を抱くのはわかるが、被害教員に対するねじれた親和性と「対岸」の住人たち、教員の心性の特殊さをいったんは認めないと、私たちは先に進めないような気がする。

女性教員の同僚教員３人に至っては「いけないことを教える立場の私が、加害者となり、混乱と不安を与えてしまうことになってしまいました」（30代男性教員A）「自分自身の相手への配慮に欠ける言動や、軽はずみな言動に、最低な人間だと実感しました」（30代教員B）「相手のことを思いやらずに、自分勝手な行動で相手を傷つけたことを反省しています」（30代教員C）。抜き出してはいないが、彼らもまた謝罪の中に子どもたちを散りばめている。それにこの用語法の皮相的で教員くさいこと、まるでいじめ加害の子どもに示した反省文のひな型のようだ。これはこのまま「対岸」の言葉だ。

これらは事情聴取での発言を市教委がまとめたものだという説もあるが、いずれにしても3人の文章はもろ手を挙げての懺悔である。私には市教委の事情聴取があまりの騒ぎに「とりあえず謝ってくれ」という幕引き優先の杜撰なものだったと思える。

謝罪の方法で最も信用できないのは、土下座と丸坊主だというのは友人の弁護士の言葉だが、市教委がつくりだした謝罪はうわべだけの形式的なものに過ぎないということだ。

事情聴取は、行為のディテールとその時の彼我の心情を明らかにすることが重要だ。4人が4人とも不法行為を明確に認識していないのは、彼らが加害教員も含めてみな「対岸」の場を共有していたからだ。みな子どもたちに言及するのはそれゆえだ。彼らにとって子どもたちは「対岸」での重要なアイテムであり、彼らのその「対岸」への寄りかかり、甘え、親和性をこそ事情聴取は明らかにするべきなのだ。

周囲の教員の中には「対岸」から出て訴えた者もいたが、多くの教員は場を支配する空気に抗えなかった。ことが進行してから異を唱えれば、「なんで今頃それを言う?」「自分だけいいかっこしてんじゃないよ」「アンタも見てたじゃないか」となる。「いろいろやっているけど、あれはふざけあい。一緒になって遊んでいただけ」「先輩教員として少し厳しく指導しただけ」。ここでも「だけ」が集まって暴行を見逃すことになる。「だって、ほかの先生たちだって……」「もっと先輩の先生たちも何も言わなかったし……」。なにより、介入、指導すべき仁王教頭自身が見ていなかった。

際限がないと思われたいじめが行き着いたところが性的なハラスメントだった。いじめは、人間のもっとも秘匿すべき、恥の感情をもつ性的な部分にまっすぐ向かう。東須磨小でも、被害教員に限らずハラスメントが性的なものへと進んでいったことが報じられている。これについて詳しく述べるスペースはないが、「いじめ」を考えるとき、性的な言動の発現がいじめの末期的なものであることを忘れてはならない。

▼「対岸」を内なるものとして見つめること

「此岸」から見ていた市教委はどのような対応をとったか。給食のカレーをやめ、調理室を改造、4人の給与を正規の処分前に差し止め、校長を含む課長級320人のボーナスの昇給分をカットした。児童や生徒宛ての年賀状、中学通知表の所見欄を廃止した。動物飼育は縮小。運動会、入学式、卒業式、音楽会、文化祭を簡素化した。小学校のスキー実習、中学校の野外活動など宿泊行事はすべて2泊以内とした。夏休み中の水泳の補修廃止、家庭訪問の希望制への移行。教員に民間企業研修実施……。

対岸の火事の勢いに周囲から「早く消せ、消せ」と言われて、しかたなくホースを向けたが、水はあさっての方向にといった具合である。4人の給与の処分前の差し止めは憲法違反ではないかと思えるし、320人ものボーナス昇給カットに至っては気の毒としか言いようがない。そのほかミソもクソもいっしょにしたような縮小案は何とも粗雑な思いつき、その場しのぎというほかはない。

以上、十分にこの事件を検討できたとは思わない。私が言いたかったのは、無謬の「此岸」から「対岸」を批判することに意味があるのかということだ。東須磨小の事件は「対岸の火事」ではなく、学校に限らずどの職場でも起こりうることではないのか。もちろんわが子が通う学校で起きないという保証はどこにもない。

意外に思われるかもしれないが、元来、教員という仕事には互いに支え合う文化があった。会社組織の明確な縦割りの業務形態と違って、養育という面を併せもつこの仕事は、境目の不分明なところが多いのが特徴だ。それは、子どもはみんなで育てるという共同体の子育ての残滓のようなものかもしれない。

近代化の中で、いつのまにか子どもは個別に品質管理される工場の生産物のように扱われるようになった。さらにその流れを加速するように、今では「チーム学校」という縦割りの業務形態が導入され、生産の効率化が図られるようになった。

「チーム学校」という言葉は、本来、境目の不分明な業務を互いに補完し合う、そうした教員の文化にこそ冠されるべきものであったのに、SC（スクールカウンセラー）やSSW（スクールソーシャルワーカー）、スクールロイヤーなど生産管理の不具合を調整する人々との連携を指すようになった。むやみに増やし続けたよけいな業務をスリム化し、本来教員が担っていた業務に限定すればいいだけなのに、分担と効率化は、互いに支え合うという文化まで奪っていく。そうして見えにくくなっていく子どもの存在。

東須磨小の教員いじめは、神戸の一小学校の特異な問題ではない。それは現代の子育ての場や地域、会社に至るまで広がっていくグラデーションの始まりだ。対岸の火事にやいのやいの言うのは穴の開いたバケツでの火消しに似ている。内なるものとして「対岸」見つめなおすこと、そこからしか消火は始まらないと思うのだ。

【Q&A】

パワハラなんて怖くない！

対パワハラ管理職闘争指南

Q　先生、久しぶりです。ようやく教員3年目を迎えました。何度もやめようと思いましたが、最近は少しずつですが、仕事がおもしろくなってきました。（略）私のことじゃないんですけど、パワハラじゃないか、と思います。その副校長、すぐに肩をどんとたたいたり、個人的なことでも大きな声で周りに聞こえるように話すし、それに呼び捨てなんですよ。（略）別の先生が代わりにいろいろ言ってくれたのですが、「肩をたたいたのは励まそうとしたんだ」とか「呼び捨ては親愛の情だ」とか「おれはあいつを指導してるんだ」って、言い訳ばっかりなんです。そのうちその先生にもいろいろと突っかかるようになって。どうすればいいんでしょうね。（略）そういうの先生、得意ですよね（笑）。

A

得意じゃないです。できれば関わり合いにはなりたくないですね（笑）。それにしても、君はほんとうによく続きましたね。それにこんなふうにほかの先生のことも考えられるようになった、余裕が出てきたんだね。さてパワハラ管理職、今に始まったことじゃありません。この人たちの困ったところは、自分がパワハラをしているということに無自覚なところです。いやいや無自覚どころか指導とか親切でやっていると勘違いしているところです。だからたちが悪い。教員でもよくいますね。生徒に対してねちねち怒る人。そういう人は「これは指導なんだ」とか「おまえのことを思って言ってるんだぞ」とよく言います。あれは、たいていの場合、相手の生徒のことが気に入らないというのが根っこにある。生徒は、黙って時間が過ぎるのを待っているけど、そうすると教員はさらに図に乗るし、「先生にいったい僕の何がわかるんですか？」（そんな生徒はまずいないけど）なんて言ったモンなら、一気に燃え上がり、ねちねちは際限なく続きます。

生徒を叱るなら、その時のその行動だけをしっかり注意すること、それ以前のことや性格行動には言及しない、言いたいことすべて言ってしまっては指導にならない、というのが、今じゃ常識だと思うけど、これは性格の問題だからなかなか治らない。

パワハラもこれに近いものがある。いろいろ理由をつけるけど、結局はその本人のこと嫌いなんだよね。イライラするからほおっておけない。要するにいじめ。たいていのパワハラの原因は、自分の言うことを聞かない、なびかない、生意気だ、といったところ。相手が自分より年上だったり、堂々と反論する人にはまず矛先は向かない。ちょっとした弱みをもっている人をねらう。そういう人が、自分の意見をはっきり言ったりすると、パワハラの血が燃える。執念深い。これは男女を問わない。刃物をもつと振り回したくなる（笑）。

でも、こういうパワハラ管理職の存在を許しているのは、実は何も言わない教員集団なんです。君のところの一人の先生は、堂々と間に入ってくれたわけだけど、残念、多勢に無勢だったようですね。多勢というのはパワハラ管理職のことではなく、何も言わない人たちのこと。そういう人たちの存在を忘れてはならない。生徒のいじめでもそうだよね。無言でいじめを容認している存在。そういう存在が、少しでも声を上げれば、いじめっ子はそうそう好き勝手にはできない。パワハラ管理職にとってもいちばん怖いのは、多勢の反逆。逆に言えば、誰も何も言わないのは「おれの『指導』をみんなが認めているんだ」ということになってしまう。

さあそれに対して「困難には勇気をもって立ち向かおう！」なんて教員はよく言うけれど、そうそう勇気なんてもてるもんじゃない。だっていつ自分が標的になるかわからないんだから。我が身かわいさ。自分のところに火の粉が飛んでこなければとりあえずまぁいいっか、というのがありがちな対応だよね。ほら、ね、子どものいじめと一緒でしょ？　でもそれじゃぁパワハラ管理職は増長するばかり。そこで、だ。では何をどうすればいいのか。まず、覚悟。反撃をするのだからまず旗幟鮮明に。自分も多少傷つくかもしれない、という覚悟が必要。それからけっして1人にならないこと。周りをよく見れば同じように感じている人は必ずいるはず。つながること。

次に記録です。とにかくパワハラ管理職の言動をしっかりと記録すること。ＩＣレコーダは必須です。次にそれを紙に残すこと。こういうことはやめてほしいという趣旨の文をつけて本人に提出。見出しは「申し入れ」。その場で「ふざけんな、こんなもの出しやがって！」といって破ってくれたらもうけもの。破かなくても話が通じなければ、そのままそれをもって教育委員会へ行けばいい。え？　教育委員会が助けてくれるのかって？　いやいやそんな話のわかるところじゃないと思うよ。四の五のかならず言うよ。「君のほうにも何か問題あるんじゃないの？」なんてね。でもそこではっきり言ってやればいい。「いじめられる側がいじめだと言えば、それはいじめだって教育委員会は言っていますよね」って。変な理屈だけど使えるときには使う。「いや、子どもと大人は違う。大人は大人なりの常識で……」なんて反論されるかもしれない。彼らには「一教員が生意気な」という「上から目線」感覚がある。そこでのやりとりもしっかり記録して、次に行政の人権擁護関係の部署へ。問題の枠を広げるんだ。次に地元の弁護士会へ行けばいい。問題は一学校、一教育委員会の中の「コップの中の嵐」に終わらせないことだ。一教員は、管理職に比べたら何の権限もないんだから、とにかく使えるものを使うしかない。

さて、さっき「傷つく」のも覚悟してと言ったけど、そういうことをすれば、かならずいらぬことを言う人たちがいるのが世間。何もしない人たちほど、何かをしようとする人のことが気になるもの。中島みゆきの『ファイト』だね。でもそれに負けちゃいけない。そこまでやれば権限をもっている管理職のほうがしんどい。なんて言ったって自分の部下が、自分の非をもって回っているんだからね。どんなに言い訳しようが、記録は消せない。教員一人納得させることができないんだから管理職失格。これで相打ちまでもっていける。相打ちは目下にとっては勝ち同然。

もう一つの方法は、横校労に入ることかな。でも代わりにやってもらうって考えじゃダメだからね。一緒に闘うという気概をもってきてください。そんでもって「パワハラ管理職東西番付」でもつくりましょう（笑）。

Ⅱ

現場をないがしろにする「教育改革」

工場化する学校

終わりなき教育改革と「チーム学校」、そして「部活」

▼日本のサグラダファミリア

横浜に住んで40年以上になる。市域の広い横浜の中で「横浜へ行く」というのは、高島屋のある横浜駅西口や、みなとみらい地区に隣接する東口近辺に行くことをいう。横浜駅は年間の乗降客4億4００万人、一日の乗降客は２３０万人で新宿、渋谷、池袋についで世界4位という巨大駅である。

いつ頃からか、この横浜駅、一部で日本のサグラダファミリアなどと呼ばれるようになった。スペイン・バルセロナにあるサグラダファミリアは、アントニ・ガウディによる未完の教会。比較するのも気が引けるのだが、横浜駅もつねにどこかで工事が行なわれており、いつの時点が完成体であるのか誰も知らない。現在も新たな大改修工事が進んでいる。サグラダファミリア同様２０２０年代には「完成」が計画されているらしい。どこをどう考えてもサグラダファミリアとの比較は買いかぶりすぎていて格の違いははなはだしいのだが、のっけからローカルな話題を持ち出したのには訳がある。

▼終わりなき教育改革

際限なく作業が続くこの二つの建築体は、どこかこの国の教育改革に似ている。横浜駅のように躯体を維持、使用しながら改修を加えようとするところなど、そっくりである。違うのは、サグラダファミリアが教会として十全に使用され続けており、ガウディの意図と芸術的な価値が多くの人々に共有され、財政的にも支えられている点である。では横浜駅はどうか。こちらは駅として使用し続けられてはきたが、そのつど人の流れを停滞させ、時には表示に沿って歩いても目的地に着かないなどということもある迷宮のような駅。乗客の利便性よりもＪＲ東日本による企業誘致、それによる集客能力の高い大型商業施設の併設をどう効率よく行なうのかに、改修の主眼があるように見える。

こうして見てみると、教育改革に似ているのはサグラダファミリアではなく、横浜駅のほうのようだ。

いつどこからその「改革」は始まったのか、当事者である保護者や子ども、教職員すらよく知らない。目的も定かでない、結果予想も不十分な「改革」を下支えしているのは、明らかに政治家であり、官僚である。「今の若者は云々」という古代ギリシャ以来続く常套句同様、学校はいつも「学力、いじめ、不登校……今の学校は何とも困ったことになっている。教員の資質もこのままでは次世代を担う人材育成に応えられない。なんとかしなければ……」というほとんど根拠のない常套句と焦燥感に支えられ、ガウディのような哲学や美意識もなく、思いつきの異形の学校が構想されていく。横浜駅のように、構内に複雑怪奇な迷路をつくり出し、利用者の利便性を奪っておいて、行き着くところがかえって利用者の利便性を奪う結果になっていったことと似て、教育改革も出口の見えない迷路ばかりを校内に築き、はたして利便性が上がったのかどうかすらわからないような代物になってはいないだろうか。

政治家も官僚も、それぞれが部分的な工事の過程で自分の「ウリ」を見つけては無理やり平仄《ひょうそく》を合わせ、儲けにあずかろうとする。今では現場の教員の中にも、必然性を欠いた改革であっても乗り遅れまいとして、自ら改革を先頭で担い、おこぼれにあずかろうとするさもしい輩も目につくようになっている。学校は草刈り場か？　思い思いに草を引き抜いて、見渡せば草も木も生えないような荒廃地に、学校がなっていなければいいがというのが定年退職3年目の元現場教員の老婆心である。

本稿では、いつ終わるともしれない教育改革が、現在どのあたりにまで来ているのか、学校の周辺の問題と併せて考えてみたい。

▼川崎の事件から見えたこと

その前に、教育・学校をめぐるこの一年をおさらいしておきたい。同じような出来事が起きてもその受け止め方はいつの時代でも同じというわけではない。というより、時代や世間の受け止め方は常に変化しており、その変化を捕捉しておかないと、全体的な流れを見まちがうことになる。定点としての自分の感性もまた古びていくことも見据えながら、いくつかの出来事を取り上げて論評しておきたい。

昨（２０１５）年、マスコミに最も大きく取り上げられた学校の問題は、川崎中一男子生徒殺害事件[1]である。現在（２０１６年）、刑事裁判が続いており、マスコミは詳細な報道を行なっているが、事件の悲惨さ残虐さとは別に、私は報道当初から何とはなしにこの事件に対する反応に違和感を感じてきた。それは被害者である上村君に対する「世間の目」の向けられ方についてである。端的には、殺害現場となった川崎の河川敷に捧げられ続けたおびただしい数の花束への違和感でもある。

「上村君がかわいそう」「どうして何もしてあげられなかったのか」といった感情の直接的な吐露が過剰に報道されたような気がするのは私だけだろうか。上村君とは縁もゆかりのない人々が自らのいたらなさを強く表白することに、私は何度か首をひねった。こうした事件が起こるたびに繰り返されてきたものとは、それははっきり違っていて、世間の思考停止状態のようなものを象徴しているように思えた。

主犯の少年に対する判決に対する反応も同様であった。懲役9年から13年という判決に対して「それで終わらせていいのか?」という一般の人々の感想をマスコミはこぞって取り上げたが、ではほかにどんな終わり方があるのか。死刑判決が出れば彼らは納得するのか。いや次には「死刑にすれば済むのか？」といった論調が出てくるのではないか。世間の一人として何もできなかった自分を責めながら、その裏には加害者に対する「懲役が何年かなんて関係ない。お前はいつまでも反省し続けろ」的な激しい加罰感情が隠れているように思える。そうした反応からは、自らもまた世間の一人として当事者性をもっているのだという認識は感じられない。それどころかそうした反応が、週刊誌諸誌の加害者の実名報道や写真掲載、さらにはこうした問題が起きると必ず出てくるお調子者の政治家の「少年犯罪は凶暴化している。少年法はこのままでいいのか」といった真逆の根拠に基づいた主張、さらにはネット上で繰り広げられる被告の少年への死刑要求の署名運動などを、暗にあと押ししているように思えるのである。

被害者への過度な同情とその裏返しとしての加害者への激しい加罰感情。事件を生み出した背景に真摯にアプローチしようとする人々がたくさんいることは承知しているのだが、短絡的とも言える新しい「世間」のようなものを感じたのがこの事件であった。

▼政権の意向を先取りする教科書

こうした、ある事件に乗じてポイントを稼ごうとする行為は教育改革にかかわっても出てきている。その一つが道徳の教科化をめぐる問題である。道徳の教科化は、第一次安倍政権時の教育再生会議などの提案から始まり、大津のいじめ自殺事件を契機に強引に進められてきたが、ここにきて道徳指導教員の配置が進められ、教科用図書検定調査審議会が「特別の教科道徳」の教科書検定についての細則を提示している。[2] また、教育再生会議で示されたように、各教科の教育課程の中への道徳の位置づけが進められている。[3] 九九を教えるときにも道徳を、理科の実験でも道徳を、サッカーをするのにも道徳的観点を、と言ったアナクロニズムが現場を辟易させている。

小中一貫や中高一貫など、もはや自治体間競争とも言える教育改革は、「乗り遅れたら大変」という焦りから性急に進められており、バランスを欠いた自画自賛の評価が独り歩きをしているのが実態である。横浜においても東京のあとを追うように「横浜市立○○義務教育学校」などという珍妙な名前の学校が出現する。たまたま隣り合った小中学校が、小中一貫教育の名の下、行政による一方的な評価だけで新しい学校となっていくのは、何も自治体や地域の推力が強いからではないのだ。地方官僚が中央の意向を忖度してすすめているのだ。いずれ、後世に公正な評価を受けるときがくれば、その張りぼて具合が顕在化することは火を見るより明らかである。

また、そうした政権、あるいは官僚の領導による動きは、教科書採択問題にあっても同じことが言えそうだ。

新しい歴史教科書をつくる会が作成した自由社版歴史教科書に続き、新たにつくられた育鵬社版歴史・公民教科書の採択率は、二度目の採択となった昨年、シェア率一桁とは言え、[4] 今では検定教科書として独り歩きを始めている。現政権の主張をなぞるようにつくられた今次改訂教科書の存在は、18歳選挙権付与の問題と相まって、教師の政治的中立をも執拗に促し、近年各地で起きている公的施設の使用許可問題同様、思想信条の自由、表現の自由すら奪いかねない様相を呈し始めている。

▼表立った自衛隊の登場と18歳選挙権

さらに現政権の大きな目玉である改憲志向は、改憲論議のハードルを極端に下げてきているのだが、それと相まって、今では自衛隊が学校の中に堂々と入ってきている。横浜では、夏休みの課題の一環として北富士演習場で盛大に行なわれる「総合火力演習」に希望生徒を教員が引率し、見学するということが問題化した(5)。実際に砲弾の破片が飛び怪我人が出るという問題があっても、保守系市議に首根っこを押さえられている教育委員会はこれを制止することができない。現場の些細なことに容喙《ようかい》する教委官僚たちも、保守系市議の主張には黙ってうなずくしかないようである。そうしていつの間にか職業体験学習として自衛隊を活用する中学校が横浜市内でも二桁にも上っている。

教師の政治的中立をたてに、学校の中に政治を持ち込ませないようにしてきた旧来の手法を超えて、今では現政権の意向に沿うものなら問題なしというのが常識となってきている。道徳で東郷平八郎を取り上げ、特攻を美化する授業も実際に行なわれていると聞く。その意味で、戦後わずかに残ってきた戦中、戦前を肯定するものへの忌避という戦後的なコードは消えて、今では何でもありとなりつつある(6)。

▼古くて新しい部活動問題への若者の発言

その一方で18歳選挙権付与に伴って、校外での政治活動についても許可制にするという文科省の意向が示されている。これこそ憲法違反ではないか、という声はきわめて弱い。

ざっと振り返っても、近年の学校をめぐる政治や社会、世間の意識の変化には激しいものがあるが、その学校を支えている教職員の表情はなかなか見えてこない。叩かれることを見越してじっと口をつぐんでいるうちに、自分の置かれた位置すら見えなくなっていることをゆでがえると称する向きもあるが、さすがに「熱い！」と叫ぶ若者たちもいる。ネット上での署名運動、「部活動の顧問を引き受けるか否かの選択権を」は、教員の運動としては特筆すべきものである。(7) 部活動についてはあとで詳述するが、このような労働をめぐる署名運動が日教組や全教という労働組合とは別のところから出てきたことに刮目すべきである。都市部での若い教員の増加という状況の中で、働き方と子育てを正面から論じようという層が出てきたことは、縷々述べてきたような閉塞状況にあって明るい話題と言える。

さて、先ほども述べたように本稿では、いつ終わるともしれない教育改革の動向について考えてみるつもりなのだが、この部活動の問題もその一つのメルクマールとなっている。

というのも、この1、2年、文科省が唱えている「チーム学校」という言葉に象徴されるように、学校が「チーム」として機能し、躍動していくというイメージが前面に押し出されてきているのだが、はたして文科省は具体的にどのような新しい「チーム」を提起しているのか、それは旧来から学校の中に存在する「チーム」とは質的に同じものなのか、それとも似て非なるものなのか。そのあたりを検討するときに、旧来のチームのひとつとして戦後の学校の教職員組織の構造、管理職以外はみなヒラというういわゆる独特の「鍋蓋構造」という「チーム」が維持されてきたことに思いを馳せ、その「チーム」との関連付けを考えてみること、さらに欧米やアジアにもその存在が見えないきわめて日本的な産物である部活動、その「チーム」性についても同時に考えることができないか。新旧、あるいは位相の違う「チーム」論を論じてみることから見えてくるこの国の学校の現在と、文科省がめざす学校がシンクロしているのか、それともねじれの位置のようにすれ違っているのか、わずかでも見えてくるとすればうれしいのだが。

▼教育改革の流れの中にある「チーム学校」

この間の教育改革の淵源が、1984年に中曽根政権時に設置された臨時教育審議会[8]に求められることは、異論のないところだろう。臨教審は戦後後期とも言われる時代の始まりに、21世紀を展望する学校教育の在り方を求めて設置されたが、そこでは旧来の公教育構造を維持しようとする勢力と、教育の自由化、個性化を主張する勢力がぶつかりあうこととなった。この構造は当時の政治構造、55年体制の崩壊と自民党一党支配の中で、国鉄、電電公社、郵政の民営化を進めようとする勢力と現体制を維持しようとする勢力のぶつかり合いと重なり合う。またそうした影響を受けて、戦後常に対立構造にあった文部省（当時）と日教組が、公教育維持という点では主張を同じくするという、いわば構造的転換とも重なる。その後の労働戦線の統一と再編を受け社会党から民主党へと支持基盤を移行する日教組の軌跡を見れば、戦後55年体制の対立構造が臨教審をエポックとして崩壊していったことは明らかである。

これ以降の戦後後期の教育改革は、時の政権によって国家主義的様相を強く打ち出したり、旧来の管理的要素を求めたりする作風の違いはあっても、基本的には臨教審の自由化、個性化の流れを受け継いでいると言っていい。なぜなら、自由化、個性化によってしか延命できないこの国の低成長時代の経済を、底のところで支えるのが80年以降続く大衆消費社会だからである。言わずもがなだが、教育や学校も経済による規定から逃れることはできない。

この20年ほどの教育改革にかかわる中教審を除くおもな審議会について触れておく。

21世紀をはさんで設置された教育改革国民会議(9)は、主に教育基本法の改正・奉仕活動の実施など17の提言を行なう(10)。それらをベースとして、２００2年教育改革（学校5日制完全実施、ゆとり教育の拡大・生きる力・絶対評価の導入・新たな職階制度の導入など）が実施された。緩やかに進められてきた〈ゆとり教育〉の本格実施と戦後の学校構造を根本的に変える内容をもったものであった。

しかし、この改革は学力問題を躓きの石として行きなずむことになる。「ゆとり」では、グローバル経済の中で生きぬく人材は育たない、もっと学力向上をというのが経済界の主張であった。

そうして教育改革国民会議は消えていき、第一次安倍内閣においては、私的諮問機関である教育再生会議[11]が設置される。

教育改革国民会議が幅広い知識人層（藤田英典・河上亮一・大宅映子・山折哲雄など必ずしも企業の人材育成や右派論客に偏らない陣容で目を惹くものであったが、結論的には曽野綾子らの右派論客の新しい「公」論が思想的な基底をなしていく）を委員としたのに比べ、のちに国会議員となる義家弘介、渡邊美樹、山谷えり子などの政党にとってのお飾り的存在や、張富士夫、池田守男の企業トップ、教育学者や社会学者を外したいわば安倍のお友達に近いラインアップとなっており、エキセントリックな提言を行ない、安倍内閣退陣後半年でその命運は尽きたかに見えた。[12]

しかし、現在第二次安倍内閣において教育再生実行会議として復活し、人寄せパンダ的な委員から曽野綾子、八木秀次、河野達信全日教連委員長など生粋の右派論客と御用学者を配し、第5次提言に至る現在では、戦後の教育改革を担ってきた文科大臣の諮問機関中教審よりもその存在価値を高めつつある。[13]

今回の検討対象である文部科学省＝中教審初等中等教育分科会チーム学校作業部会による「チーム学校」論は、実はこの教育再生実行会議の第5次提言に基づいて設置されたものであり、その影響を強く受けている。

▼2016年度予算攻防の「新味」

「チーム学校」論の始まりは2014年7月(14)にその発端を見ることができるが、それはそのまま2016年度予算の審議過程で、文科省が財務省とのつばぜり合いを世間にアピールする大きな「武器」でもあった。この経過について若干触れておく。

文科省と財務省の予算をめぐる攻防は、他省庁と財務省の攻防に比べ、財務省の「上から目線」の印象が強い。基本的に文科省は教員定数の増加を求めているのだが、児童・生徒数減を根拠に財務省は簡単にはその要求を呑まない。例年の新味のない攻防に対して、2015年はこの「チーム学校」論による加配定数増で新味を出しているとも言える。

今年度の攻防は、文科省が、「チーム学校」のひとつの表現としてSSW(スクールソーシャルワーカー)を2247人から3047人へ800人増、補習教員を1万人から1万2000人へ2000人増(加配定数)を求めているのだが、これに対して財務省は「ベースラインに乗れば、チーム学校に応じる」として、1学級あたりの教員数1・8人を維持して2024年までに教員を37000人減らす方向(基礎定数)を主張する。これを呑むならば、そっちの相談に応じるよという姿勢。文科省はこれに対して、中核をになう教員が減ったのでは逆効果だと反発、教員減は2024年までに5000人減にとどめ、1学級数あたりの教員を1・9人に増やせと要求。財務省は、日常的な超過勤務の長さなど改善することはたくさんあるはず、それをやってから言ってこいという。これが2015年末の両者のつばぜり合いの実態である。「チーム学校」論を領導する中教審は、文科大臣の諮問機関であるから、当然文科の主張の後ろ盾となる。一方財務省は自民党に近く、教育再生実行会議は内閣の私的諮問機関だから官邸に近い。安倍にしてみれば、最近は教育への容喙は少ないが、夏の参議院選挙を前にここは譲れない。文科省とタッグを組んで進めたいところ。

一方財務省は、谷垣自民党幹事長が大臣を務めたこともあって、財務官僚と自民党の結束は固い。小選挙区制のおかげで安倍政権は菅をはじめ官邸主導で動いており、公明党との紐帯を大事にとの印象が強く、党はやや影が薄い。谷垣幹事長は軽減税率でも官邸に大きな譲歩を余儀なくされたこともあって、ここは簡単には譲れない。また、麻生財務相にしても省益を抜きに官邸に仕切られてしまうのは困る。文科省の「チーム学校」論は、そうした政治の真っ只中にある、まさに政治的な存在であることを忘れてはならない。

7000人減とする中、17年単年度で4000人減は、明らかに財務省の勝利（8年分として8分の1は4625人）。一方、加配定数については2800人増、単年度350人増を求めたとすると、ギリギリのところで引き分けたか（2800人の8分の1は350人）。全体的には財務省の「ベースラインにのれば……」の線でまとまったわけで、大枠は財務省が寄り切ったと考えられる。一方の文科省は、基礎定数を犠牲にしてぎりぎりのところで「チーム学校」を守り切ったというところか。

▼教育再生実行会議が求めたもの

教育再生実行会議は２０１４年７月、第５次提言を発表。以下やや長いが要約を記す。

【１】子どもの発達に応じた教育の充実、さまざまな挑戦を可能にする制度の柔軟化など新しい時代にふさわしい学制の構築

①無償教育、義務教育の期間の見直し

幼児教育の無償化・幼保一元化と小学校との接続など

②小中一貫教育の推進

学校間連携と一貫教育の必要・教育課程区分の弾力的設定

（５‐４‐３、５‐３‐４、４‐４‐４）

③実践的な職業教育を行なう高等教育機関の制度化

キャリア教育・企業等との連携した職業教育・大学、高等専門学校、専門学校、高等学校の職業教育の充実と質の高い実践的な職業教育を行なう新たな高等教育機関の制度化

【２】教員免許制度の改革と、社会から尊敬され学び続ける質の高い教師を確保するため養成や採用、研修の在り方の見直し

・複数学校種の免許取得の推進
・特別免許制度・特別非常勤免許制度の活用
・学校支援ボランティアの推進など多様な人材の積極的登用
・特別支援学校免許状の取得の推進
・教師インターン制度の導入
・優秀教師の処遇改善
・スクールカウンセラー・スクールソーシャルワーカーなどの多様な専門職の配置と活用
・優れた教師に対しての顕彰、人事評価の結果を処遇に反映、諸手当の見直し・メリハリのある給与体系

【3】豊かな人生と将来にわたって成長し続ける社会の実現、教育を「未来への投資」として重視し、世代を超えてすべての人で子ども・若者を支える
・社会全体で教育への投資を重視する意識改革を行なうことの重要性
・現状認識「成長し続ける社会の実現」
・所得連動変換型奨学金の充実
・税制上のインセンティブを通じた寄付の促進等の民間資金の活用、世代間資産移転の促進等による教育財源の確保

・教育サミット等による社会総がかりで子ども・若者を支える意識や環境の醸成

項目のみでは提言の全体に流れる思想を推し量ることは難しいが、【3】の現状認識において述べている〝教育を「未来への投資」〟に注目しておきたい。

ここでは日本の現状を「高齢世代に比べて、子ども・若者世代への公的支出が圧倒的に少なく、「私学の多い就学前教育と高等教育段階における公的財政負担」が十分でないとし、「子育てや教育にお金がかかりすぎることが、子どもを産み育てたいとの希望を阻害する最大の要因」との認識を示す。これを実現するための財源として、「少子化に伴って提言する費用や教育的観点からの学校統廃合によって生じた財源を」活用、「資源配分の重点を高齢者から子ども・若者へ、とりわけ教育費負担の軽減のために大胆に移して行くことや民間資金の活用」が重要だとしている。

教育再生会議のこうした教育福祉政策の転換の視点は、第8次提言[15]においても、さらに一歩踏み込んで次のように述べられている。

「こうした教育への支出は『コスト』と考えるべきではありません。教育投資は、学力や倫理観の向上、基本的な生活習慣の習得等を通じて、将来の経済成長や税収増、医療等の社会保障や治安等の歳出削減にも貢献する、確実かつ長期的なリターンを得ることができる先行投資であるとの意見もあります。例えば、1960年代に米国で実施された『ペリー就学前計画』では、質の高い幼児教育の実施が、将来の所得向上や、生活保護受給率の低下等につながったという結果が示され、その費用対効果は3・9〜6・8倍になるという試算例があります。／また、国立教育政策研究所の試算では、大学生・大学院生への公的教育投資は、所得向上に伴う税収の増加や、失業給付の抑制、犯罪に係る費用の抑制等により、投資額の約2・4倍の便益」を生み出すとして、子ども・若者への投資が、社会の相対的安定と発展に寄与するという一貫した主張となっている。

日本の社会福祉政策が高齢者に偏っており、子ども・若者への公的負担が少ないという認識はその通りであるが、貧困層の急増と年々増え続ける高齢者世代に対する手当てでめいっぱいな現在の財政構造を根本的に転換させる具体策は出されていない。せいぜいが税制上のインセンティブを通じた寄付の促進等の民間資金の活用や、世代間資産移転が触れられているに過ぎない。一歩踏み込んだかに見える第8次提言においても結論は、「教育投資やその財源の在り方について、世代を超えた国民全体での議論に資するよう、国は、世代ごとの国民負担と各種サービスに係る公財政支出の状況を明らかにし、国民の意識啓発を図りながら、公財政支出の世代間の配分の見直しを促進する方策について検討する」として、高齢者負担を減らし、子ども・若者予算を増やすという抽象的な主張にとどまっている。

第一次安倍政権時の教育再生会議の右派論客と大向こう受けを狙うタレント系委員による偏頗な「作文」に比べれば、教育再生実行会議は、その社会分析においては明確な視点をもっているように見えるが、結局のところ、財政支出の世代間の濃淡を変更するだけで、根本的な国家財政の根本的転換を主張しているとは言い難い。

さて、問題はそのあとである。第5次提言を受けて文科大臣は、中教審に対して以下のような諮問(16)を行なう。

▼文部科学大臣が中教審に求めたもの

【1】子どもの発達や学習者の意欲・能力等に応じた柔軟かつ効果的な教育システムの構築について

・生産年齢人口の減少と少子高齢化の稀に見る速さでの進行。成長・発展のために国際的な労働市場で活躍できる人材の育成が求められている。

・現在の学制の導入時より子どもの発達が早期化している。小1プロブレム、中1ギャップ、不適応の進行と子どもの自己肯定感の低さ。子どもの自信や能力を引き出す教育制度の構築が求められている。

・幼小、小中の学校間連携の推進、小中一貫教育の制度化、大学への飛び級と高校卒業の早期化、大学、大学院課程の修了要件の緩和、学校種を超えて指導できる教員免許状の創設。

以上の提言を受けて、以下の審議をしてほしい。

①小中一貫教育の制度化と学校段階間の連携の推進について

②高等教育機関における編入学等の柔軟化

【2】これからの学校教育を担う教職員やチームとしての学校の在り方について

・教師が専門性を発揮できる環境の整備。
・子どもたちが自ら課題を発見し、他者と協働して解決に取り組み、新たな価値を創造する力を身につける。
・子どもたちが豊かな人生を実現するために、社会的経済的価値を生むイノベーションの創出によって、国際的に活躍できる人材、多様な文化や価値観を受容し共生していくことのできる人材の育成。
・教員の現状
・主体的な学びを引き出すことに対して自信を持つ教員が国際的に見て少ないこと。
・課外活動や事務作業に多くの時間を割かれる現状。
・勤務時間がＯＥＣＤの中でもっと長い現状。
・教員や支援員の不足。
・教員に求められるもの。
・受け身の授業ではなくＩＣＴを活用し、主体的協働的に学ぶ授業づくり。
・発達の早期化、いじめ、不登校に対し、学校間の連携や一貫教育、小学校における専門性の向上の推進のために学校種を超えて指導できる教員の育成。
・そのための免許制度の改正、養成、採用、研修の在り方の見直し。
・教員の専門性にふさわしい勤務や処遇の在り方についての検討。

・学校組織の総合力を高め、校内における教職員の役割分担連携の在り方の見直し、改善を図るとともに、異なる専門性や経験を有する専門的スタッフの配置とその連携を通して、学校組織全体がひとつのチームとして力を発揮すること。

以上をうけて具体的には、

第一に教員養成・採用・研修の接続の再構築

①教員養成課程で学ぶべき内容や家庭の認定の在り方を含めた教員免許制度の見直し、とりわけ学校現場を経験する機会の充実も含めてどのような方策が考えられるか。

②養成・採用・研修の接続と採用前実習・研修を通じての適性な評価システムの検討。

③養成段階から教職生活全体を通じて、資質能力を深化させるため学校・教育委員会、教職大学院大学との連携をどう図るか。

第二に指導力を発揮できる環境の整備とチームとしての学校の力の向上

複雑化、多様化している学校の課題に対応するため、教員の勤務や処遇の在り方、専門性や経験を有する者の配置と組織運営の在り方等、財政上の措置も含めた検討。

①頑張る教員が専門職として自信やほこりをもてるような評価や処遇の在り方について。

②教員と事務職員の役割分担の見直し、他のスタッフとの連携をどう高めていくか。

③管理職の養成・研修システムの再構築と主幹教諭や主任の在り方の検討。

④若手教員育成のための指導教諭や指導主事の要請や活用、指導体制の方策。

こうしてみてみると、教育再生実行会議が求めている財政構造の転換については換骨奪胎され、提言の一部に過ぎなかった「チーム学校」論へ議論を領導する内容となっているように見えるが、いかがだろうか。国家財政にかかわる部分について、一諮問機関が言及、提言をするというのは踏み込みすぎであり、中教審には荷が重すぎるということか。財政という点では、文科省は教育再生実行会議の中に流れる主張を断ち切り、それを「チーム学校」論として、あくまで教育予算攻防の材料としてコンパクトにまとめたように見える。

諮問を受けた中教審作業部会が会議を重ね、2015年7月「中間まとめ[17]」が出された。ここで初めて「チーム学校」という言葉がでてくる。

作業部会のメンバーは、主査　小川正人（放送大学教授）副主査　米田進（秋田県教育長）委員竹原泉（横浜東山田中コミュニティハウス館長）などだが、小川は06年に行なわれた教員の勤務実態調査を仕切った学者であり、米田は学力日本一の秋田県の役人である。「チーム学校」論には、現場実態をおさえることのできる人材によって生み出されたひとつの「物語」を読み取ることができる。

▼専門スタッフの配置は多忙化解消の福音となるのか

具体策の前に、答申が出される「背景」と「チーム学校」の必然性が述べられている。まず「成熟した社会」においては新しい価値の創造が求められるとして、知識偏重から「学び方」重視が語られ、課題の発見、解決に向けての主体的、協働的な学びが必要とする。さらに、学校の抱える複雑化、困難化した状況に対しては、教員だけでなく心理や福祉などの専門家と地域連携が必須であり、チームとしての課題解決体制づくりが求められている。その理由として、日本の教員は、生徒指導、部活動など業務が多岐にわたっており、勤務時間はＯＥＣＤの中で最長であり、従事する専門スタッフの割合が低い。校務の分担こそチームづくりには重要であるとして、いま求められているのは「チームとしての学校」だというのである。

一読して「成熟した社会」のとらえ方がきわめて情緒的である。また、課題発見学習などは目新しいものではなく「アクティブラーニング」にいたっては、一見新しそうに見えるが内容的には現場教員が常に念頭に置いて児童・生徒にあたってきたスキルのひとつではないか。百歩下がって、もしそうしたことを実現しようというのならば、現場感覚で言えば、最も効果的なのは教員の一人あたりの持ち時間数の減であり、定数増である。時間的余裕なくして、主体的な学習など望みようがない。

「背景」の中では、貧困化の進行の中で二極分化が進み、基礎的知識すら獲得が難しい層が増えている現状については触れられていない。また、教員の勤務時間の長さの原因に生徒指導、部活動を挙げているが、地域連携もまたその大きな要因となっていることも触れられていない。そのほか旧来の学校ではなかったキャリア教育、健康教育、人権教育、性教育……などの多くの課題が学校・教員に求められていて、多忙化の原因となっていることにも言及していない。

答申の目玉とも言うべき欧米型の専門スタッフの導入が、教員の多忙化を解消する福音となるのかどうかはきわめて疑わしい。専門スタッフが入れば、その業務が軽減されるかといえば、そう単純にはいかない。専門スタッフとの連携そのものが新たな多忙化を生む構造についても言及がない。専門スタッフの導入が単純な役割分担ではすまないのだ。

授業に関する業務が大半の欧米の教員をイメージするならば、まずは専門スタッフより基礎定数の増加をやらなければならないのではないか。教員の持ち時間数を中、高の場合12時間程度にすること、小学校の場合複数担任制をとることにより、今では全くと言っていいほど保証されていない教材研究の時間を確保することが「欧米の教員なみ」にすることではないのか。

校長のリーダーシップの下、日々の教育活動が一体的にマネジメントされ、多様な人材が専門性を生かし、子どもたちに必要な力を身につけさせる、その専門スタッフの導入によって教員自身は授業の専門性を高め、専門スタッフが持ち場の専門性を発揮できるような連携、分担の体制を整備するという。そのために必要なものとして校長のマネジメントやリーダーシップを挙げ、校内組織の調整、学校の組織文化の見直し、人材育成、業務改善が必要とする。

ほとんど絵に描いた餅である。校長のリーダーシップなど、何十年も前から言われてきたが、人事評価制度が導入されても、実際に授業観察すらまともに時間が取れないのが現在の校長職である。何をもって数十人の教職員の評価を行なっているのかも判然としない現状にあって、それ以上に高度で困難なマネジメント能力を要請される専門スタッフの調整や組織文化の見直し、さらには人材育成、業務改善など荷が勝ちすぎていて不可能であろう。

さらには学校の組織文化の見直しというが、その内容は展開されていない。元来、学校はその組織文化として「チーム」という面が強かった。だからこそ人事評価制度はなじみにくいし、新たな職階制も機能しないのだ。集団の教育という行為は、個々人の指導者の能力というより、多様な指導者の力量の集積があって初めて成立する。教員が授業にのみ注力せよというのであれば、単に新たな知識偏重を生み出すだけだろう。基本的に学校がどういう場であるのか、という点についての深みのある考察なしに、専門スタッフの導入を急いでいるように見えてならない。

以下、「具体的な改善方策」の要約を示す。

（1）専門性に基づくチーム体制の構築

①教職員の指導体制の充実

○教員の業務の見直し　↓　事務職員、専門スタッフの活用

○アクティブラーニングの実施やいじめ、特別支援教育への対応　↓　教職員定数の拡充

○指導教諭の配置　↓　加配措置

②教員以外の専門スタッフの参画

○SC、SSWの活用　↓　標準的な職として法令上の職務内容の明確化

○SCなどの使いにくさ　↓　配置の拡充、資質の確保のため正規職員として国庫負担の対象に

○部活の指導、顧問、引率の職務　↓　部活動支援員を法令上に位置づける　↓　部活動支援員の研修の実施

③地域連携

○地域連携の促進　↓　地域連携担当教職員の法令上明確化

（2）学校のマネジメント機能の強化

①管理職の適材適所

○多様な職員を有機的に結びつける力・学校内の共同の文化をつくりだす力　↓　校長の資質・能力の明確化し、管理職の養成に活用する

○学校の裁量の拡大　↓　校長裁量経費の拡大・学校の裁量権の拡大の推進

②主幹教諭制度の充実

○計画的な管理職の養成　↓　主幹教諭の拡充・管理職候補教職員の研修の強化

○管理職研修の見直し　↓　管理職研修の内容、実施方法の見直し

③事務体制の強化

○事務職員は学校運営事務に関する専門性を有している　↓　事務職員の職務規定の見直し、学校運営にかかわる職であることを法令上明確化

○学校事務体制の充実　↓　定数措置

○教育行政事務の専門性を有するものの参画　↓　事務長を統括者として法令に位置づけ

○事務職員向けの研修プログラムの少なさ　↓　事務職員対象の研修プログラムの開発実施

（3）教職員一人ひとりが力を発揮できる環境の整備

①人材育成

○能力や業績を適正に評価し、人事や処遇に反映　↓　人事評価研修の実施・処遇や研修に適切に反映

○優れた教職員を顕彰する仕組み　↓　文科大臣表彰を学校単位、分掌単位で表彰

②業務環境の改善

業務の整理と効率化　↓　指針の作成

③教育委員会による学校への支援の充実

○指導主事の少なさ　↓　指導主事配置を支援

○第三者的立場からの助言　↓　弁護士や専門家から支援を受けられる仕組みの構築

▼日本独特の学校文化「総合的指導」を解体する「チーム学校」

具体策を眺めれば、「チーム学校」論の要諦は専門スタッフの導入とその法的な位置づけと処遇改善、研修の実施である。しかしSC（学校カウンセラー）やSSW（スクールソーシャルワーカー）は、いまだ学校内の職の機能として明確とは言えず、配置が進んでいないSSWとの連携は緒についたばかり、手探り状態である。SCは学校内部に位置付けられればられるほど、その連携のむずかしさが際立ってきている。教員、SCのそれぞれのテリトリーが見えにくく、またSCの職能からすれば、問題が生じても心理主義的な立場から児童・生徒個々人の環境や生育過程にのみ求めがちであり、集団の中での児童・生徒同士の関係性の問題が置き去りにされていく傾向もある。「専門」家配置によって児童・生徒の心の問題が十全に改善されるというのは、一つの幻想であって、配置によって新たな心の問題をつくりだしてしまう可能性もないわけではない。

部活動支援員については後述するが、地域連携担当教員の導入など、2007年から導入されている特別支援教育コーディネーターの実質的な運用の不活発さを見れば、定数内での配置であれば今以上の多忙化を固定化させるか、あるいは形ばかりのものとなっていく代物である。

一方、懸念されるのは、日本の教員が文化として継承してきた幅広い守備範囲の空洞化の進行である。答申の初めには次のような文言がある。

「我が国の教員は、これまで学習指導のみならず、生徒指導の面でも主要な役割を担い、子供たちの状況を総合的に把握して指導を行なっている。このような取り組みは高く評価されてきており、国際的に見ても高い成果を上げている」。

このような認識がありながら、何ゆえ専門スタッフの導入を急ぐのか。教員の多忙化は、このような「総合的な指導」の肥大化のみによるのではなく、「全員顧問制」に象徴される部活動指導の「義務」化、平日の朝、放課後のみならず土日にいたるまでの長時間の指導や、各省庁レベルや自治体独自の政策から任される「○○教育」の無責任で際限のない学校への丸投げ、成績評価の緻密化や各種調査や文書作りの事務量の増大によるものが大きい。さらには「総合的指導」も、今では学校のサービス業化の中で出てくるやらずもがなのサービス業務の増大に押され、本来の「総合的指導」が行なわれず、クレームを最小限に抑えようとするための弥縫的な業務が中心となってきている。

そのうえでも日本の教員文化としての「総合的指導」に価値を持たせていくとすれば、その改善は専門スタッフを導入、学校組織の中に位置づけていくことよりも、増えてしまった業務をどこまで縮小することができるかではないだろうか。専門スタッフは、「総合的指導」の過程で教員が必要に応じて援助を求められるかたちであればいいのである。

またこうした答申では必ず触れられる教員の資質向上だが、これもそれほど単純ではない。

教務主任が教務の業務はできても、生徒対応や保護者対応ができない、などということはよくあることである。対応の難しい生徒の場合、ノウハウレベルでは対応できても、実際に時間をかけて関係をつくっていくといったことにおいては、経験だけでは測れない部分も多い。組織上は主幹教諭であっても、授業がうまくいかない、集団をまとめることが不得手であるといったことも少なくない。こうしたことは、学校という集団を養育、教育する場では必然的に起こることである。人を相手にする仕事のむずかしさ、複雑さである。

望まれるのは、人事評価制度の充実や処遇の改善、優秀教員の表彰などというものではなく、チームとしての学校が機能的にうまく動いていくための人的配置であり、具体的にはリーダーを教員自らが選び出していくようなシステムである。管理職以外はみなヒラ教員という鍋蓋構造は、外部から見れば業務効率の悪いもののように見えるが、個々の教員の職務内容が基本的に同じという学校においては、「チーム」としての機能が十全にはたされやすい構造でもあるのである。金を出しても職名をつけても評価制度を導入しても、「働きやすくなった」との実感を教員がもてず、かえって風通しが悪くなったという声が多いのが学校現場の現実である。

もう一点、たしかに学校事務職は事務の専門家ではあるが、いつから学校運営の専門性をもっていることになったのだろうか。思いつきというしかない。今でも事務職が教頭、副校長の業務の一部を肩代わりしなければもたないと言われ、管理業務をやらざるを得ない状況があるが、それを追認するような学校事務職の新たな位置づけはきわめて問題が多い。余分な業務については事務職に丸投げすればよいという乱暴な議論である。事務長職の設置も論外である。教頭、事務職員の業務の量の増大に対しては、事務職員の定数の拡充と自治体単独措置として事務補助吏員の雇用を促進すべきである。[18]

▼部活動支援員は部活動を学校内に固定化させる

部活動は、日本の学校にあって性格の不明瞭なものの最たるものである。まず学習指導要領の変遷における部活動の位置づけを見てみよう。

1958年学習指導要領においては「特別教育活動の一つとして、生徒の自発的な参加によって行なわれる活動」と規定。教育課程外のものという位置づけである。1972年改訂では「特別活動の一領域とされ、授業時間としてのクラブ活動。必修クラブ、全員が選択」するものとした。これは全員参加の時間内必修クラブ活動であって、現在の部活動とは違うものである。1993年改訂では、「部活動への参加をもってクラブ活動の一部又は全部の履修に替えることができる」と明記。授業内必修のクラブが実質廃止された。2002年の〝ゆとり〟の学習指導要領では、必修のクラブ活動は明確に廃止され各校の実態に応じ、部活動は「教育課程外に実施される学校において計画する教育活動の一つ」とされた。教育活動ではあるが教育課程の範囲には入らないということだ。不思議な存在だ。

そして現行の2012年学習指導要領では「生徒の自主的、自発的な参加により行なわれる部活動については、スポーツや文化及び科学等に親しませ、学習意欲の向上や責任感、連帯感の涵養等に資するものであり、学校教育の一環として教育課程との関連が図られるよう留意すること。その際、地域や学校の実態に応じ、地域の人々の協力、社会教育施設や社会教育関係団体等の各種団体との連携などの運営上の工夫を行なうようにすること。」（中学校学習指導要領第1章総則第4の2）とした。

これほど中高生の部活動が盛んに行なわれているのに、部活動はいまだ教育課程の中には位置づけられてはいない。現状では学校の中で授業、特別活動と同等、あるいはそれ以上のものとして存在しているにもかかわらず、「学校教育の一環として教育課程との関連が図られる」として、現状にあとづけしているに過ぎない。

世間から見れば、部活動指導、あるいは顧問であることは教員の勤務であると認識されているが、人事評価の対象業務からは外されていることからしても、また形の上では、顧問になるならないは教員個々の判断であることからしても、明確に教員の勤務とは言えないものである。

文科省がこのように部活動を教育課程の中に位置づけられないのは、教員の勤務時間管理の問題が大きい。というのも教員と言えども公務員労働者であるから、労基法に定められている勤務時間が順守されなければならないのは当然であり、朝、放課後、土日と部活動を指導している教員の実態は、法的には明らかに違法な状態であるからである。1972年制定の給特法[19]によって、教員には俸給額の4パーセントを上乗せして支給する代わりに、超勤手当ては支給されない。教員に超過勤務を命じることができる業務は文部訓令[20]によって限定（限定4項目：学校行事、非常災害時等）されており、部活動指導はここに含まれていない。基本的に勤務時間外の部活動指導は、わずかな特殊勤務手当てを対価に行なう教員のボランティアであり、顧問は校長が教員個々に対し法律違反を承知の上で「お願い」をし、了承を得て就任するものなのである。

しかし文科省は、部活動を「校長の指揮命令権の範囲内で行なわれている業務は勤務である」としているが、明確に勤務であるとするならば、労働時間の適正な割り振りや休憩時間の設定が必要となる。そのことに言及すると文科省はけっして答えない。限りなくブラックに近いグレーゾーンを文科省自身が認めているのである。

教員全員が「リスク」を共有しようという発想で、学校内ローカルルール「全員顧問制」は全国にひろがっているが、学校が小規模化する中で教員のタダ働きを固定化する違法なやり方であることは間違いない。若い教員のグループが、文科省に対して「顧問になる選択権を」と署名運動をもって迫ることは、単に違法な状態をなくしてほしいという当然の要求なのである。

▼部活動は日本がつくりだしたいびつな産物

では、これほどの違法な存在でありながら、教育課程外としながらも学習指導要領に記載のある部活動が、なぜこの国に位置づいてきたのか。欧米諸国だけでなく、世界的に珍しいとも言える部活動を支えてきたのは、一言でいえば、この国がもつ独特の文化というほかない。戦後の学習指導要領への位置づけを先ほど示したが、部活動がこれほど隆盛を極めるようになったのはそんなに古い話ではない。具体的な資料がないので筆者の管見にすぎないが、中学の部活などは1970年代の高度経済成長期以降のことではないかと思われる。少なくとも1960年代までは、部活動が学校の活動の3つの柱の一つとなることはなかったようである。というのも、経済的にまだ豊かでない戦後前期は子どもは一家の働き手であった。家業の手伝いは子どもの必須の仕事であり、学校と家業の手伝いの両立が多くの子どもたちの悩み事であった時代がこの国でも長かった。

高度経済成長は、都市部のサラリーマンを増大化させ、子どもたちに「余剰の時間」をもたらす。とりあえず「行っておく」ところだった学校も、高校進学があたりまえになり、大学進学も視野に入ってくる時代、同時に「余剰の時間」を持て余す子どもたちも増えていく。このころから部活動への加入率が上がり、子どもの時間を学校が面倒を見るといういわば託児所的な機能を担うようになっていく。

それと合わせて、スポーツは観るものとしての価値を高めはじめる。東京オリンピックがその嚆矢となって大衆性を高めていく。それまで子どもたちの用具やユニフォームは「借り物」だったものが、高度消費社会を迎える70年代後半から80年代に差し掛かると、それ自体が消費の対象となっていく。子どもたちは一人前の消費者として立ち上がっていく。すると中高生が使用する靴やユニフォーム、種々の用具がそれぞれのマーケットを形成していくようになる。

プロ野球が全盛期を迎え、高校野球を新聞社大手が後援、新聞紙上に高校生が躍動し、テレビは全試合中継を始める。頂点である甲子園は相撲同様、おらが町、おらが村という郷土意識を強く刺激し、さらに醸成していく。その伝で春高と呼ばれるバレーボールの全国大会などが開催され、花園や普門館が中高生の憧れとなっていく。インターハイやマラソン、全国駅伝なども「商品」としてのスポーツとして価値が高まっていく。中学校においても、かつては陸上競技など「放送（通信）陸上」として各地の記録の集計にとどまっていたものが、各地区大会を勝ち上がって一堂に会する全国大会が開催されていく。中学校の各種目の全国大会は今では珍しくなく、複数の全国大会を有する種目もある。今では小学校の各種競技にも全国大会がある。それは運動部に限らない。吹奏楽にしても合唱にしても全国大会は盛んである。激しい練習を課す運動部よりも運動部的な文化部も存在する。

こうしてスポーツはプロを頂点として、広いすそ野をもつアマチュアスポーツをも視野に入れて商品化されていく。それを支えたのが、スポーツを消費するという高度消費社会の出現と、この国に根強く残る世間の人々の郷土意識ではなかったか。最寄駅に中学校の「○○大会出場」や「全国優勝」などの横断幕が飾られるのも珍しくなくなった。「地域の学校」を表現するのにもっとも端的でわかりやすいのが部活動であるということだ。

部活動の隆盛は、こうした戦後の高度経済成長から大衆消費社会にいたる流れと軌跡を同じくしている。文科省はそうした歴史と学校現場の実態を追認しているに過ぎない。

部活動は、中高生の「余剰の時間」を埋め、非行防止にもなるとして学校の中で大きな位置を占めることになった。今、あるべき中学校とは、学力が高いことよりも、生活態度が落ち着いていて部活動に熱心な学校であり、学校側も部活動加入率の高さをアピールし、それによってつくられる校内の落ち着きを「ウリ」とする。学力のランクは、塾のチラシにしか現れないが、部活動の成績は日刊紙に掲載される。ことほどさように学校の「実力」をはっきりと表現してくれる。

加入率が90パーセントを超えるということは能力の高い生徒だけでなく、ごく普通の生徒も加入するということだ。玉石混交？の中、部活動には大多数のゲームに出られない補欠生徒を取り込む「物語」が必要となる。この「物語」こそが現在の中学校を支えている基盤と言っていい。ひたすら時間も目的も忘れて打ち込む練習と自己犠牲、そこから生まれるカタルシスこそ、「物語」の根幹であり、同調圧力を生み出す日本的な集団意識と重なり合う。部活を辞めることは「脱落」であり、「欠格」とみなされる。この道ひとすじ、3年間やり続けることが価値とされ、称揚される。「ゲームに出られないのにどうしてそんなにがんばるの？」という欧米のスポーツ観とは全く様相を異にする一種の「道」のようなものが部活の底流には流れている。

さて、指導する側の教員は部活動をどう考えているのか。部活が隆盛期に入って以降、数十年経つが、部活動の問題を理不尽な労働問題として取り上げた運動は見当たらない。それは、教員の側も部活動指導を好んでおり、ある意味生きがいさえ感じている人が少なくないということだろう。教育課程という本来の業務とは一線を画しているにもかかわらず、部活指導を仕事の中心と考えている教員も少なくない。若い教員の中には、在学中の部活動での成功体験を今度は指導者として生徒に与えたいと考えて、採用試験を受けるケースが多いと聞く。こうした中だからこそブログで「顧問就任に選択権を」とつぶやく若者の存在は少数派ではあるが、貴重でもある。

さて、部活動については詳しく論じれば論じるほど、この国の文化のありようと学校の関係、それを取り巻く人々の心性がよく見えてくるのだが、それにしても、現在のような部活動、スポーツや文化活動が、学校の中だけで教員のブラックな労働によって支えられている状態を放置していいものだろうか。

「チーム学校」は、部活動について部活動支援員の導入によって教員の負担を軽減すると考えているが、どうだろうか。部活動支援員を導入することによって、違法な労働が駆逐されるのか、それとも逆に常態化していくのか。

多くの生徒や保護者、そして部活動を支えてきた多くの教員を敵に回すような言い方になるが、私は今こそ部活動を学校から切り離すことこそ重要なのではないかと思う。同じボランティアなら、自分が住む地域でわが子も含めて指導すればいい。そうすれば、「部活孤児」とか「部活未亡人」などという揶揄も少しは少なくなるだろう。

「チーム学校」をほんとうに豊かな文化として形成しようとするならば、最低限の労働条件を整備することが大前提となる。残業手当もないまま、部活動のみならず地域の諸行事に日常的に駆り出される教員の実態を見るにつけ、このままでは意思疎通もままならないいびつな「チーム」しかできないのではないかと思うのである。

▼「チーム学校」は効率性優先の無機質な工場づくり

結論として「チーム学校」論[21]は、学校の現場実態を勘案せず、機能的な面を求めるあまり、養育・教育の場としての連続性、反復性、集団性、全体性を捨象し、教員や子どもを一つの歯車のように見立て、効率性を追い求めているのではないか。具体策を検討するにつけ、そこから見えてくる学校は、教職員の一人ひとりの「顔」の見えない、のっぺりとした効率性優先の工場のようなものである。基本的な現状認識が間違っていると私は思う。学校はいったいどんな場であったのか、大多数の子どもが通う学校という場がどうあればいいのか、虚心に考える余裕をもってほしい。モグラたたきのような弥縫策を重ねるより、学校の、世間とは違って少し遅めに流れる時間を大切にする発想はないのだろうか。

たしかに修正しなければならない問題は学校の中にいくつもあるが、日本の独特の教員文化は「総合的指導」を基底とした協働性がその機軸となっている。それこそまさに「チーム」であったのではないか。文科省の「チーム学校」はその「チーム」を解体して、新たに機能性を重視した「チーム」にリニューアルしようとしている、と私は思う。

同一年齢、同一学年、地域に根差したこの国の学校が生み出してきた文化には、部活動のように違法状態を温存してきたものも含まれるが、少なくとも現在、学校は本当にどうにもならないところまで来ているとは思われない。少なくとも「再生」しなければならないほど瀕死の状態ではないと思うのだ。

２００２年教育改革、さらに教育再生会議、教育再生実行会議などが掲げてきた人事評価制度、新たな職階制、外部専門員の導入、小中一貫教育等、学校のつくりかえが、今後どのようにその「効果」を発揮するのか、それとも逆にスポイルしていくのか。長い間現場に居続けた者の目には、その行く末が見えるような気がする。

忘れてはならないのは、そこで働く教員がごく当たり前の労働法に依拠できず、違法な状態に置かれており、それが国際的にも指摘されているということだ。同様に、子どもたちも長い在校時間に縛られていく傾向が強いこと、今糺すべきは、多くを学校に依存してきてしまっている現状を正しく認識し、肥大化してしまった学校が抱える荷物を一つひとつ精査し、減らしていくことではないか。

日本のサグラダファミリアと言われる横浜駅の、その時々の時代の要請によって、まるで脈絡のない巨大なパッチワークのようなつくられようを見るにつけ、あるべき学校像は、サグラダファミリアのように現場の細部のありようを一つひとつ吟味し、必要な素材や部材を丁寧に探求し、時間をかけてつくられるものでなければならないと、私は思う。

註
（1）２０１５年2月20日、川崎市川崎区港町の多摩川河川敷において13歳の上村遼太君が殺害され、現場に遺棄された事件。１週間後に少年３名が殺人容疑で逮捕された。
（２）２０１５年７月23日文部科学省教科用図書検定調査会報告「特別の教科道徳の教科書検定について」。
（３）２００７年６月１日教育再生会議第二次報告「社会総がかりで教育再生を〜公教育再生に向けたさらなる一歩と「教育新時代」のための基盤の再構築〜」。
（４）育鵬社は、昨年夏の採択で中学公民１・４倍（占有率５・７％）中学歴史１・６倍（占有率６・３％）とシェア率を伸ばした。
（５）横浜学校労働者組合機関紙『横校労』所収の拙稿「中山中問題は横浜の政治勢力抜きには語れない」を参照。
（６）雑誌『おそい・はやい。ひくい・たかい』（２０１６年１月第89号）所収の拙稿「教師の政治的中立って？　求められるのは『選択をしない』態度だが……」を参照。
（７）朝日新聞デジタル２０１６年２月13日付「部活顧問ブラック過ぎ　教員ら改善要求のネット署名」を参照。
（８）臨時教育審議会は、１９８４年中曽根康弘首相（当時）が設置した内閣直属の審議会。４次にわたる答申を出し、１９８７年に解散。委員は国会議決を経て任命されるなど政治的にきわめて重要度の高い審議会とされる。同じものは敗戦直後に設置された教育新刷新委員会。教育にかかわるものは戦後はこの二つだけである。
（９）教育改革国民会議は２０００年３月小渕内閣の私的諮問機関として設置された。２００１年４月森内閣まで続いた。

（10）拙著『不適格教員宣言』（2003年日本評論社）所収『教育改革国民会議批判』参照。
（11）教育再生会議は、2006年に設置された内閣直属の諮問機関を2008年福田内閣で教育再生懇談会に縮小、2012年第2次安倍内閣において教育再生実行会議として復活した。
（12）教育再生会議に対する現場からの批判は、岡崎勝・赤田編著の『わたしたちの教育再生会議』（2007年日本評論社）に詳しい。
（13）2000年からの教育改革批判については、赤田・岡崎編著の『日本の教育はどうなるか』（2009年日本評論社）、拙著『教育改革とは何だったのか』（2011年日本評論社）に詳しい。
（14）教育再生実行会議第5次提言「今後の学制の在り方について」の中で、教員組織の在り方について触れている。
（15）教育再生実行会議第8次提言2015年7月「教育立国実現のための教育投資・教育財源の在り方について」。
（16）2014年文部科学大臣は中教審に対して、1子供の発達や学習者の意欲・能力等に応じた柔軟かつ効果的な教育システムの構築について、2これからの学校教育を担う教職員やチームとしての学校の在り方についての2点について諮問している。
（17）2015年7月16日中教審作業部会「チームとしての学校の在り方と今後の改善方策について」。
（18）全国学校事務労働組合連絡会議発行「web 全学労連376号2015年7月11日」参照。
（19）公立の義務教育諸学校等の教育職員の給与等に関する特別措置法（1971年法律第77号）。

（20）文部省訓令28号「教育職員に対し時間外勤務を命ずる場合に関する規程」（1971年）。

（21）中教審「チームとしての学校・教職員の在り方に関する作業部会」は2015年12月10日、答申案をまとめ、2016年の通常国会に法案提出、関連法令を改正する意向だ。

教員の長時間労働を招いた「日本型総合的指導」と「チーム学校論」

▼80〜90年代の「チーム」の力

校内で生徒同士の暴力事件が起きる。興奮状態を落ち着かせるのが教員の最初の仕事。怪我をしていれば手当て、病院への搬送。初期対応を済ませたあと、前面で対応するのは学級担任だ。事実の確認と指導の方向を決めるため、短時間だが学年主任を中心に学年所属の教員で協議をする。この時に、些細なものであれ互いが持っている情報が重要になる。こうした問題に100点満点の解決など望むべくもない。70点程度の成算があれば十分。落としどころを探っておく。

保護者に連絡するがすぐに来校することはまずない。父母どちらであれ、仕事が終わってからの来校だ。ケータイが普及していない時代、連絡は両親の職場へ。この電話のかけ方ひとつも指導の成否に関わってくる。来校の時間を確認し、加害、被害双方の保護者が鉢合わせをしない配慮も必要だ。

そうして指導シーン。「暴力はいけないよね」で済むならば、生徒指導に苦労はない。そこに至るまでの複雑な経緯がある。小学校からの友人関係や他校生、同級生であっても仲間内には上下関係もある。慢性的ないじめが絡むこともある。面談は一度で終わらない。その日のうちにとりあえずの「決め」はするが、その後の生徒の動きや保護者の反応に応じて継続して関わっていくことになる。

「決め」がうまくいけばいい。保護者が事実関係に納得せず膠着状態となることも多い。どうしてウチの子ばかり……。学級担任は職員室に戻って相談、再び面談に戻る。時には複数の教員で面談にあたったり、全く別の教員が対応することもある。対応の詳細を決定する中心は学年主任だが、学級担任が動くとき、その裏では何人もの教員の知恵と動きがバックアップしている。生徒指導担当（専任）が学年間、他校間の調整に動くこともある。生徒指導上の問題で3つある学年のあいだをうまくとりもち、対応の違いを誤差の範囲にとどめる役割は生徒指導担当が担う。この役割は遊軍的なもので、学年間の調整だけでなく外部機関とも連絡を取り合う。

対応が終わると、管理職に報告。深夜に近い時間になっても、ふたりの管理職のうちどちらかは残っている。外部機関に頼らず学校側の判断に「重み」をつけたいとき、校長が出て生徒、保護者に話をすることもある。このとき、諸事情を黙って呑み込み、よけいな「自分色」を出さず、みこしに乗ってくれる校長だと助かる。結果がどうあれ、最後まで丸ごと「ケツをもっ」てくれるのが、現場にとってありがたい管理職ということになる。

▼互いの工夫やノウハウをどう融通し合うか、その「出し入れ」こそチームの力

地域によって多少の違いはあれ、これが80年代から90年代にかけてのいわゆる「荒れた中学」での一般的な指導体制であったと思う。そのころ私は、学年という教員集団の「チームづくり」ということをかなり明確に意識していた。

私が中3の学級担任だったときのことだ。クラスの生徒がシンナーを吸引し、バットを振り回して授業中の教室に乱入しようとしたことがあった。廊下の窓ガラスを手あたり次第に割っていた。ちょうどクラスで授業をしていた私には、他の教員を呼ぶ余裕などなかった。当該生徒をクラスの生徒から切り離し、彼を抱えて話を聞きながら、教室からなるべく早く離れる。校外まで引っ張りだすこともあった。この動きが可能かどうか。やってみなくてはわからない。

公園の流しでアタマから水をかけ「酔い」を覚まさせ、近くのコンビニでパンなど買って食べさせる。そうやって時間をかけて落ち着かせていくのが当時のやり方だった。必然的に私は教室を長時間離れることになる。

私の後には、時ならぬシンナー少年の乱入に興奮する一般生徒がいる。彼らを落ち着かせ、中断した授業を続行する教員、保護者へ連絡する教員、養護教諭や管理職への連絡や情報を共有するための動きをする教員、それら全体を見ながら落としどころを調整する教員、生徒指導のバックには何人かのチームの教員が同時に動いていた。こうした動きは、声もかけあわずにほとんど阿吽の呼

吸でなされていた。

たとえ、どんなに「荒れ」が先鋭化していっても、こうした動きがチームでできているうちは、「荒れ」はそのうちなんとでもなると思っていた。互いの持っている工夫やノウハウをどう融通し合うか、その周到な「出し入れ」こそチームの力だった。

▼2000年代、なべぶた構造の崩壊とチーム力の揺らぎ

戦後の学校は長らく、管理職以外はみなヒラ教員という、いわゆるなべぶた構造だった。この頃も学年主任や生徒指導担当などの分担はあったが、現在のような主幹教諭や主任教諭などという属人的な「職」はまだなかった。職場を異動すれば無役の「ただの人」の学年主任（これとて70年代後半には導入反対闘争があったが）や生徒指導担当（これも分担）などがリーダーとなる分業と協力の時代、教員の仕事は機能的な境目のないいわば協業というにふさわしいものだった。古来、子の育ち、子どもの養育という行為が親の任に限定されず、近所や地域などの共同体の中で融通無碍に行なわれていたことと、それは通じるものがあったと私は考えている。

世紀をまたいで20年近くなる今だって、緊急の生徒指導の際には、よほどの事情がない限り多くの関係職員が残留することになっている。しかしその動きはどこかぎくしゃくとしていて、若い教員に至っては手持無沙汰だという。その原因のひとつは、かつてのように情報が共有されないことだ。指示系統も変わってきている。チームの質が明らかに変わってきているのだ。

地域によって偏差はあるかもしれないが、具体的な指示は教頭（副校長）が出すことが多くなっているのではないか。教頭は校長と相談しながら生徒指導の「司令塔」となる。その下に主幹教諭が位置する。役割の分担ではなく、明確な職階のヒエラルヒーに沿って動くということだ。

ここでよく不具合が起こる。管理職は大方の傾向として、問題を早く小さく終わらせようとする傾向がある。また情報管理は何より優先されるから、対応は出来る限り少ない人数で行なう。一見機能的に見えて、こうした対応が前のめりで拙速な結果を生むことが多い。

一方、若い教員はその場にいても事態の推移が摑めない。次の日の朝の打ち合わせで簡略化された経緯を聞かされることになる。そこでは本質論は抜け落ちて「処理」だけが優先されている。生徒指導の醍醐味？は伝わらない。

生徒や保護者の気持ちの機微に敏感であることと、いわゆる管理能力とは一致しにくい。すでに中間管理職然とした職となっている主幹教諭なども同様で、高い能力があるかにみえる教員でも、日々の生徒対応や生徒指導どころか、肝心かなめの授業すらうまくいかない人もいる。このへんが学校の不思議なところ。双方の力に秀でている人が管理職となっている学校は僥倖である。

上層部が動き回って「処理」をするのが現在の生徒指導だ。これに仕える？のはしんどいものだ。学級担任はチームの中の先鋒として動くのではなく、管理職の意向をいかに正確に保護者や生徒に伝えるかに腐心するメッセンジャーになってしまいかねない。あとで噴きださないようにしっかりとフタをするというのが新しいチームの発想だからだ。そのためには若い学級担任のクビを差し出すことなど厭わない。「力がなくて申し訳ありません。担任の先生のほうには私どものほうから……」なんてこともある。かつては学級担任が前面に出ることで、失敗も含めて成長の契機となったのだが。

▼今、目指すべき教員が、大人が、どんどん小さくなってきている

「あ、それって私の仕事じゃないので」(仕事の「際」をはっきりさせたがる)。「私、ちゃんと注意しました」(生徒に伝わったかどうかは別として)。「そういうつもりで言ったんじゃないんだけど……」(大事なのは自分の思い、相手がどう受け取ったかは別)といった自己保身が蔓延する。「それ、私が考えました」(うまくいけば自分の手柄、失敗すれば……)「今回体育祭がんばりました、優勝ですよ、優勝」(結果が一番)「うちのクラス、いじめなんかありません」(見たくないものは見ない)。見境のない自己顕示と自己防衛。若者に限ったことではない。2002年教育改革が始まって数年が経ったころから、こうした傾向が広がりつつあるのを感じた。多くの教員が横につながることをやめた。自分の周囲数メートルのことだけを気に掛ける傾向が強くなった。

教員の人事評価が、その正否すらはっきりしないのに、全国に広まっている。原資が決まっているから評価は相対評価となり、そのまま給与に反映する。生徒が観点別で評価されるように、教員も管理職にいくつかの観点で評価される(もちろん管理職も、だ)。人事評価が出たあと、急に校門前の掃除をやめた教員がいる。どうして主幹教諭になれないのかと直訴した教員がいる。主幹教

諭ともなれば、退職金も年金もヒラとは比べものにならない。管理職は面倒くさくて嫌だが、主幹教諭ぐらいにはなっておきたい、そんな小賢しい思いから恥も外聞もない猟官活動に走るようになる。

若い教員はかつて、身近な教員を手本にしたり、あるいは反面教師にしたりして、自分なりの教員像をつくってきた。それはときには、大人としての「生き方」をも学ぶことであった。今、目指すべき教員が、模範であれ反面であれ、どんどん小さくなってきている。

▼教員の長時間労働の大きな要因は締まりのない文教政策によるもの

中教審や教育再生実行会議など政権の意を体した提言には、「日本型学校教育」とか「日本型総合的指導」ということばがたびたび出てくる。その中身が具体的に触れられることはほとんどないが、国際的には高い評価を受けていると、提言はどこか鼻高々だ。学習指導のほかに基本的な生活習慣を含めた生活指導、食事指導、清掃指導、自治活動を含めた特別教育活動から道徳指導に至るまで、日本型総合指導は、子どもの心と体の隅々まできめ細かく指導する。清掃指導は今ではアジア諸国に「輸出」されている。

中教審は「……国際的にも評価されている『日本型学校教育』を展開する中で、我が国の学校教育の高い成果が、教員勤務実態調査に示されている教師の長時間にわたる献身的な取組の結果によるものであるならば、持続可能であるとは言えない」（2019年1月答申）として、教員の日常的な業務の詳細を挙げ、教員の業務から外すことを提言している。一見思い切った提言のように見えるが、よく読めばそのほとんどが地域や父母のボランティアをあてにしたものだ。それも日常的な給食指導や清掃指導などまさに「総合的」な指導の中身までボランティアに委ねようというのだ。現場の機微が見えているとは言い難い。また、大津いじめ事件が発端となり導入が進められてきたカウンセラーやソーシャルワーカー、スクールロイヤー、さらに部活動指導員などいくつもの専門職を導入することで、現場の諸問題へ対応しようというというわゆる「チーム学校」論も最近の流行である。

「日本型総合的指導」の淵源をたどれば、明治期の前半に等級制から同一年齢同一学年制をもととする「学級制」が取り入れられ、家族主義的な集団作りが志向されたところに行きつく。旧軍隊にも同様に導入されたこうした日本独特の集団主義が、現在の学校に色濃く残っていると思われる。

その評価はどうあれ、総合的指導の立ち行かなさを「教師の長時間にわたる献身的な取組」によるものとする中教審の見解を是とするわけにはいかない。総合的指導は、少なくとも80年代までは多少の問題は抱えていても（問題を抱えていない現行制度などあるべくもないが）、そこそこに機能はしていたのである。立ち行かなくなるのは、90年代以降、次々と学校に持ち込まれた「〇〇指導」や「ナントカ教育」（一説によればそれらは１００を超えるという）と、「ゆとり教育」を標榜しながら短時日のうちにこれを撤回、授業時数増と新教科の創設（道徳に英語）などを推し進めたことによる。

一方、90年代初めから無計画に導入されてきた学校五日制と、これらの「栄養過多」がミスマッチを起こす。狭くなったスペースに今までより多い荷物を収納させることが、教員の長時間労働を現出させたのである（課業日が窮屈になる一方、広がった土日は部活動に充てられることになった）。

そうしてみてみれば、教員の長時間労働の大きな要因は、明らかにこの国の先を見通せない締まりのない文教政策によるところが大なのである。「チーム学校」論も総合的指導のボランティア分担論も、その意味で、政策同様、底の見えた弥縫策にほかならない。

好き勝手に草木を植え、バランスの悪い繁茂を許す庭のように学校をしてはならない。よけいな草木を植えず、もとよりあるものは時季に応じて丁寧に剪定する、ときには思い切って取り除くことも必要だ。かつて学校の中には、まだそうした緩やかな時間の流れがあった。その中で、教員はこの国の人々がそうしてきたように、共同で子どもたちを育ててきたのだ。

長時間労働で麻痺した教員の背中を見ながら、どんな子どもたちが育っていくのだろうか。子どもたちはもう、教員の背中など見ていないのかもしれないが。

「変形労働時間制」を導入しても超過勤務は減らない

▼狗肉をもって羊頭とする妖言惑衆のやり方

２０１９年９月末、10月の臨時国会に給特法の改正案、「変形労働時間制」導入案が提出されるとの報道。ネット上での反対署名活動や全教の反対署名が動き始めているという。いつもながら現場にはさざ波すら立っていないとは現場教員の友人の弁。

２０１８年の今頃、中央教育審議会『学校における働き方改革特別部会』（第17回・２０１８年９月27日）で小川正人部会長（放送大学教授）は「不規則発言」と断った上で、１年単位の変形制〝導入〟について議論の口火を切った。この日の議事録を仔細に眺めてみると、「不規則発言」の前に相原委員（連合事務局長）の発言がある。

「……ここ数回……様々な知見を共有することができました。……考え方としては分かるんですが、……年間通じて疲れが取れるというのが本当かという疑問もあるし、……今の働き方や負荷もある中で、働き方の現実を見据えた対応が必要だと思っております」。

部会ではこれまで何度か「変形労働時間制」導入に否定的な議論があったようだ。部会長発言は、そうした消極論を抑えて導入に舵を切るまさに「不規則発言」だったようだ。

どれほど議論を尽くしても十分な予算措置のついてこない教員の働き方改革の議論に、有効で決定的な解決策は出てこない。とはいえ残り3～4カ月で答申を出さなければならない中教審・文科省には目玉になる提言が必要とされていた。どんな議論があろうが、官僚と政治家は、政権の意向に沿って格好をつける必要がある。小川部会長は3月の日本教育情報化振興会の講演で「変形労働時間制」導入に言及しているし、5月には自民党の教育再生実行会議が同様の提案をしている。「教員の変形労働時間制」導入はこの時点ですでに政府の既定方針となっていたのだろう。森友、加計問題同様、黒猫を白猫と言いくるめても突っ切るのが政治だ。「変形労働時間制」がどれほど愚策であれ、官僚らは狗肉をもって羊頭とする妖言惑衆の徒となって法案作りに精を出すだろうし、政治家は数を頼んで押し切るのだろう。しかし以下指摘していくが、どこをどう検討してみても「変形労働時間制」は世間の耳目をひくための小道具ではあっても、その内実はほとんど空疎な張りぼてに過ぎない。

多くの委員が「おかしいな、変だな」とは思っても答申はいつもこんなふうにつくられていく。答申が出される直前、連合は「変形労働時間制に疑義」との「事務局長談話」を出しているが、なにゆえ部会の中で徹底抗戦をしなかったのか。協調路線をとる日教組の落日を見る思いである。署名でお茶を濁す全教も全教なのだが。ともに本気度が足りないと思う。

▼1カ月単位の「変形労働時間制」の矛盾

1年を単位とする「変形労働時間制」は、独法化された国立学校や私立学校において運用されている。もちろんその実態は芳しくない。超過勤務は相変わらずだし、拘束時間の実質的な延長は疲労感を高めるばかりだ。実効性がないどころか、違法性も高い。にもかかわらず政権は導入に動いている。

同じ「変形労働時間制」であっても、横浜では法改正の必要のない「1カ月を単位とする変形労働時間制」が運用されてきた実態がある。ここでは、まずこれについて検討してみる。

修学旅行等の泊を伴う行事は、まともに勤務時間の割り振りができない。早朝から深夜に至るまでの連続勤務（休憩時間の不取得、深夜間の超過勤務）となり、日常の勤務以上に矛盾が集中する。横浜市教委は、その矛盾の解決を求めた私の措置要求（地方公務員法46条の規定により、勤務条件に関して当局が適当な措置を執るよう人事委員会に要求できる制度）に対して、1カ月を単位とする「変形労働時間制」導入をもって応えた（2003年横浜市教委）。

2泊3日の行事の3日間の勤務時間のうち2日間を1日12時間に割り振り、はみ出た8時間を1カ月の範囲で回復するという方法である。計測すらまともにされてこなかった泊行事の連続勤務に対して、原則的に時間計測を行ない、行事実施日の前後に割り振り変更日を設定し、1カ月の所定の総労働時間を超えないように措置するという点では合理的な方法であったかにみえる。事実それまでの「どんぶり勘定」に比べれば、原則的に運用がなされた場合に限って実効性がなかったわけではない。

しかしそもそもの問題は、「変形労働時間制」が超過勤務をゼロに近づけるものであるのに、泊を伴う行事には正規の割り振りに入りきらない盛り沢山の業務量があり、あらかじめ超過勤務を前提として勤務が組まれていることだ。緊急の生徒指導が発生する場合も少なくない。また、割り振り変更がなされる泊行事前後の勤務が、他学年の授業や学年をまたぐ業務の兼ね合いから容易に変更、設定できない構造があること、元来時間管理にルーズな職場風土があることなどから、時間計測を伴う割り振りがなされたことを除けば、「変形制」導入が泊行事の矛盾を解決したとは言いがたい。「変形労働時間制」は1カ月を単位としたものであっても、学校現場では使いようのない欠陥品と誇られても仕方ない代物なのである。

▼冬季には日暮れても生徒活動、部活動はさらなる延長に

1年を単位とする「変形労働時間制」は、こうした矛盾をさらにおし広げる。導入された場合、どのような問題が出てくるのか、働き方部会（第18回2018年10月15日）の試案をもとに見てみよう。

部会案のベースには「学期中は労働時間が長時間化しやすいが、夏休み等の長期休暇には比較的休日を確保しやすいというのが教員の働き方の特徴」という考え方がある。年間の業務の繁閑を前

提とするのが「変形労働時間制」であるから、「閑」の時期がなければ「繁」の時季に振り替えることはできない。しかし現場の実態はどうだろうか。

すでに各所で触れられているから繰り返さないが、長期休業には課業中以外のさまざまな業務が組み込まれる。長期休業期間は「閑」という前提が最初から間違っているのである。

試案は、長期休業中の割り振りを課業中に3～4時間振り替えることで年間を通して15～20日の休業日が確保できるとする。ふだんは勤務が少し長くなるけれど、長期休業中にはしっかり休めるというわけだ。年間を通して寝だめ食いだめをして、あとは腹を空かせて起きていろということだ。

試案では、一日の割り振りの上限を10時間としている。学校の日常を考えた場合、気がかりなのは、これによって毎日の勤務時間は10時間という意識がつくられていくことだ。

超過勤務が常態化していても、基本的に8時間をベースとして働いてきた教員にとって、10時間の拘束は、勤務時間の実質的な延長、超過勤務隠しとなり、労働強化となる。

保育園の送迎や老親の介護に時間を割く必要のある教員にとっては、保育園や施設との契約の問題だけでなく、長時間割り振りに伴う精神的な負荷が降りかかってくる。さらに画餅に過ぎない休憩時間は60分となり、これを勤務時間の中に入れ込むこととなる。実質取得できない実態は続くことから、11時間の連続勤務が出来することになる。もちろん超過勤務はそこから始まる。

荷物を置くスペース（時間）を広げれば、今まで以上の多くの荷物（業務）を持ち込むことにならないかという危惧もある。これまで超過勤務で行なってきた業務が、正規の勤務時間内でできることになれば、お金に換算しない教員の時間意識はさらにいびつになる。授業時数の確保と学校行事、各種の委員会など、今では昼休みさえも教師と生徒が校内各所で離合集散を繰り返し、「休み」を奪い合っている。新たなスペース（時間）が取り合いとなることは必至だし、そうなれば冬季には日暮れても生徒活動が続くことも予想され、また部活動においてはさらなる延長も考えられる。

▼年間を通して繁忙期間となる学校に特定期間はありえない

もうひとつ懸念することがある。「変形労働時間制」を導入する場合、法的には①対象労働者の範囲　②対象期間の特定　③特定期間　等々を定めなければならないが、繁忙期間を特定期間とした際に「対象期間の相当部分を特定期間とすること」は法の趣旨に反するとされる。学校の場合、上述のように対象期間のほとんどが「繁忙期間」となることが考えられるから、そのままで違法状態となる。

また、「変形労働時間制」を導入しても、超過勤務の問題は解決しない。課業中においては、今までの超過勤務時間2時間が10時間の中に吸収され見えにくくなってしまう。が、そうであっても10時間を超えた分については超過勤務となる。計算上は月80時間の超過勤務が40時間になるが、教員の側からすればしんどさは変わらない。いや拘束時間が長い分、感覚的にはしんどいかもしれない。

「教員には超過勤務を命じない」を原則とした給特法の矛盾の上に、さらに矛盾の屋を重ねるのが「変形労働時間制」だ。働き方部会が提示した教員の年間総労働時間の設定は１９００時間である。１９００時間の月ごとの割り振りを行ない、凹凸をわずかでも減らすというのが彼らが提示したものだ。いちばんの問題は、10時間の割り振りによって生み出される「余剰」ではなく、10時間を超えて行なわれる超過勤務なのだ。「変形労働時間制」を導入しても教員の超過勤務は減らない。

9月27日の働き方部会では、のちに示される「公立学校の教師の勤務時間の上限に関するガイドライン」（２０１9年1月25日）も了承されている。これは教員の時間外労働時間の上限を月45時間年間３６０時間とするものだ。超過勤務を前提としていない「変形労働時間制」導入を前に、超過勤務の上限を提示するのは全く理解に苦しむ。「教員には超過勤務を命じない」とした給特法との整合性をいったいどう取り付けるというのだろうか。労基法上の時間外労働と区別して「在校等時間」という概念をひねり出したが、無理がある。

文科省・中教審は、36協定の代替措置としてこれを示したのだろうが、これは法的効力ゼロの紙切れに過ぎない。本丸の課題は教員の超過勤務をいかに減らすか、そのための具体策が求められている。

▼「教員の働き通りに教職調整額を支払うとすると……」

「教員には超過勤務を命じない」とした給特法によって教員には「勤務時間の内外を包括的に評価」（こんな表現がよく通ったものだ）した４％の教職調整額以外、超過勤務手当は支払われない。時間管理に対する稀薄な意識の上に「変形労働時間制」を導入しても、勤務時間の割り振りはさらにルーズになっていくだろうし、超過勤務に対する事後の唯一の措置としてある「適切な配慮」も課業期間の勤務時間延長の常態化の前では、今以上に影が薄くなるだろう。

小川部会長は、マスコミのインタビューに次のように答えている。

「私の試算によれば、教員の働き通りに教職調整額（時間外手当＝筆者注）を支払うとすると、一年間で９千億円から１兆数千億円が必要です。しかし財源のめどはありません。来年10月予定の消費税の増税分は元々、社会保障と国債の償還に使われるはずでしたが、安倍晋三政権は昨年になってその一部を幼児教育と高等教育の無償化にあてる方針を決めました。そのため財務省に教育への新たな財源を要求するのが非常に厳しくなりました。」（２０１８年12月14日付朝日新聞）

▼おわりに

教員の働き方をめぐる議論の要諦は、労基法が一部適用除外となっている部分に集約される矛盾を解決するため給特法の在り方を徹底議論し、労基法の原則適用を検討することだ。それ抜きに年間9千億円から1兆数千億円を使わずに教員の長時間労働を容認してきたことの解決はありえない。時間をお金に換算すればおのずと時間の問題は切迫したものとなる。

9月初め、私は文科省に法案準備の進捗状況を問い合わせた。初中等教育局財務課教育公務員係の回答は「検討中です」とにべもなかった。「それは国会に法案を出す出さないも含めて検討しているということか」とさらに問うと、担当者は小さな声で「そういうことです」と答えた。わずかな情報すら市民に漏らさない、閉じたお役所文科省の面目躍如である。この役所、上から下まで困ったものである。

9月半ばの内閣改造によって萩生田〝バーベキュー〟新大臣が就任。さっそく表現の不自由展への補助金カットや件のガイドラインを法的根拠のある指針にしたいなどと言いたい放題。忖度極まれり、である。「変形労働時間制」は既定方針通り提案され、可決されていくのだろう。

だが、法案がたとえ両院を通過したとしても、勤務時間の実質延長と超過勤務隠しにしかならないこの「変形労働時間制」、現場に下ろす役目の各地教委はさぞアタマの痛いことだろう。

現場はさざ波すら立っていないと冒頭に記した。この問題ぐらい教員の働き方が軽視されているものはない。坐して眺めていてはいけない。法案が通り、教育委員会が現場にこの制度を下ろしてきたときに、現場教員がどれほどの異議を唱えることができるか。矛盾は声に出してこそ顕在化するものだ。

注　２０２０年４月、給特法改正案が国会を通過。ガイドラインはそのまま法文化された。また変形労働時間制は２０２１年４月からの施行となった。２０２２年６月段階で変形労働時間制を導入した自治体はない。

道徳教育は必要か？

▼『走れメロス』の危うさはどこにある？

中学国語の〝鉄板〟教材である『走れメロス』（1940年）。中学生は、太宰治の名前は忘れてもメロスは知っている。

メロスは「政治はわからぬ」が「邪悪に対しては、人一倍に敏感」。街に買い物に来て、人々の様子がおかしいと老爺を問いただすと、王が次々に臣下を殺していると云う。メロスは即座に「呆れた王だ。生かして置けぬ」。王城に入ると短刀所持を咎められ、王の前に引き出される。王に「この短刀で何をするつもりであったか。言え！」と問い詰められるが、メロスはひるまず「市を暴君の手から救うのだ」と胸を張る。メロスの言動は振れ幅がかなり大きい。

メロスは妹の結婚式のための買い物に街にやってきた。邪悪な王にかかずりあっている暇はないはずなのだが、気がつけば「にわかテロリスト」に。王との問答が続く。「おまえには、わしの孤独がわからぬ」と王。メロスは「人の心を疑うのは、最も恥ずべき悪徳だ」と返す。すると王は

「口では、どんな清らかな事でも言える。わしには、人の腹わたの奥底が見え透いてならぬ。おまえだって、いまに、磔になってから、泣いて詫びたって聞かぬぞ」と権力者丸出しの恫喝。しかしメロスは「私は、ちゃんと死ぬる覚悟で居るのに。命乞いなど決してしない」とすこぶる潔い。しかしどこかステロタイプ。だいたい、いつ死ぬ覚悟をしたのか。

妹の結婚式だけはすませたいと、メロスは友人セリヌンティウスを人質にと提案。セリヌンティウスにすれば迷惑千万な話だが、二人のあいだには強い信頼関係がある。

メロスは「私が逃げてしまって、三日目の日暮まで、ここに帰って来なかったら、あの友人を絞め殺して下さい。たのむ、そうして下さい」。王は、「……どうせ帰って来ないにきまっている。この嘘つきに騙された振りしてわしは悲しい顔して、その身代りの男を磔刑に処してやるのだ」。

メロスは10里のかなたから数々の艱難辛苦を越えてシラクスの街に帰ってくる。そのシーン。「陽は、ゆらゆら地平線に没し、まさに最後の一片の残光も、消えようとした時、メロスは疾風の如く刑場に突入した」。ロードムービーさながら、緊張感にあふれた文章が続く。耳から入ってくる太宰の文章はとことん躍動している。『走れメロス』は読む小説ではなく、「聞く小説」であり、多少の矛盾やステロタイプはあっても、中学生は物語に惹き込まれていく。

▼国語の教員として文学教材をどう読み取るか

道徳の話なのに『走れメロス』を引用したのにはわけがある。学年の国語の授業を2人で担当することがある。定期試験の問題は、２人で分担して作成、検討する。もう10年も前のことになるが、ちょっと驚くことがあった。

若い先生が作成した問題の中に、帰ってきたメロスがセリヌンティウスの従者フィロストラトスに答える部分、「間に合う、間に合わぬは問題でないのだ。人の命も問題でないのだ。私は、なんだか、①もっと恐ろしく大きいものの為に走っているのだ」の傍線部とは何かを問う問題があった。

答えを訊くと「『友情』とか『信頼』だと思います」。「じゃあ、太宰はなぜそう書かなかったんだろうね」。ぽかんとしている。

「太宰は、間に合う、間に合わぬは問題ではない、人の命も問題ではないと言っているよね。『友情』や『信頼』には『間に合う』ことや『命を救う』ことがとっても大事だよね、何しろメロスが間に合わなければ友人のセリヌンティウスは殺されてしまうんだから。太宰はそういう現世の利害を超えた何かを云おうとしているんじゃないの」。

「いやぁ、先生。この問題、これに載ってたんですよ」と彼が見せてくれたのは、教科書準拠の市販の問題集だ。

「僕はこれを見て授業でもそういうふうに教えたんですけど」。

「うん、それはそれでいいけれど（よくないが）、太宰がわざわざ『もっと恐ろしく大きいものの為に走っている』とメロスに言わせたのには、読者の想像力に訴える何か別の意図があったんじゃないのだろうか。思い込みが激しくて直情型、権力も恐れないメロスが、友を守るためにひたすら必死に走ってきた。でも、もう間に合わないかもしれないと思ったときに、メロスの心の中に浮かんだのは、セリヌンティウスに対する友情や信頼にとどまらないもっと大きな『何か』……」。

「ああ、それって文中にある『愛と信実』ってことですね？」

「それは文中に出てくるし、いや、だからそう簡単に言い換えたりしないでね、もっといろいろな視点から深めて考えてみたほうがいいと思うんだよね」

「そうですね、はいはい、わかりました。この問題は削除ということで……」。

▼「力」を失いつつある「鉄板」教材が道徳化している

ようやく道徳の話に入れそうだ。

『走れメロス』（中2）は教科書に載って60年を超える。同じような〝鉄板〟教材に『少年の日の思い出』（ヘルマン・ヘッセ・1931年・中1）と『故郷』（魯迅・1921年・中3）がある。

3つの作品には共通点がある。

『少年の日の思い出』は、ある時、友達の珍しい蝶を思わず盗んでしまった少年が、誤ってその蝶をつぶしてしまう。その罪を認め相手の少年に正直に告白するが許してもらえず、自分で自分を裁くようにその蝶をつぶしてしまう。

『故郷』は、主人公の「シュンちゃん」は引っ越しのために20年ぶりに帰った故郷で、幼かったころの友だちルントウに会う。しかしかつての活発な面影のない、貧困に打ちひしがれたルントウにシュンちゃんは「好きなものをもっていっていい」と伝える。別れる日、いくつかの道具がわら灰の中に隠されていることにわかる。誰が盗ろうとしたかは明らかにされない。シュンちゃんは「悲しむべき厚い壁」が二人の間を隔ててしまったことに気づくというあらすじだ。

3作品とも小説としての完成度の高い短編である。しかし古色蒼然とした風情は否めない。戦後70年以上、多くの新しい小説作品が生み出され続けている中、3作品が中学の国語の教科書に掲載され続けていているのは、私には少し異様に感じられる。そして先述したように、「古典」と化したこれら作品を扱う授業は、いつしか類型化した広がりのないものになっている。（ちなみに3作品は、光村図書出版、三省堂、東京書籍、学校図書、教育出版の5社全ての掲載、学年配当も全て共通している）。

文学教材がいつしか道徳教材のような扱いをされるようになってきたと言えば語弊があるだろうか。私にはこのことが、延々と続いてきたこの国の道徳の授業の徳目主義につながっていて、「特別の教科道徳」と教科化されたこととも強く関連しているように思う。

これら3作品は、それぞれの作品に仕組まれた繊細で重要ないくつかのハザードを取ってしまうと、友情や信頼、公正、遵法精神、公徳心といった道徳の徳目に安易に結びつきやすい。作品が持つ文学的な深みが、長い間教材として人目にさらされているうちに脱色し、道徳的な徳目と容易に結びついてしまう。それは、国語科の教員の文学教材を扱う授業の貧困化、貧弱化でもあるのだが。

▼徳目への安易な寄りかかり

国語の教員は授業の後半になると、「作者が言いたかったことは何か」という問いを発する。数時間をかけて積み上げた「読解」の上に何らかの文学的な「テーマ」を確認する。これで文学教材を扱う授業が完結すると考える傾向がある。

私も国語科の教員であったが、この「テーマ主義」に長い間、違和感を抱いてきた。テーマを見つける、理解するということと、作品を味わうということのあいだには、共通部分もあれば互いに相容れない部分もあるのではないか、「テーマ」を端的に表現してしまうことが、作品の味わいや深さを捨象してしまうことにならないかという疑問によるものだった。

作品は、生徒一人ひとりによって読みの深さや精度にかなりの差異があるものだ。その時、一定程度の客観的な読みの精度を一定程度高めていくのが国語の授業の要諦である。テーマをある言葉に集約しようとすれば、それぞれの読みの深浅を無視してしまうことになりかねない。そもそも私たちがふだん小説を読むときに、テーマを言語化して思い浮かべることなどほとんどないのではないか。文章の流れの中からある漠然とした形や言葉にならないもの、なにやら引っかかるものを感じながら、文章そのものを愉しんでいるのではないか。

では、道徳の授業はどうだろうか。道徳の場合、提示された教材を読んで、教員と生徒の間で交わされるいくつかのやりとりの末に、教員から「この文章からどんなことが読み取れるだろうか」という発問がなされる。作者の意図を問うのではなく、作品から受ける印象を問うのが道徳の授業の特徴である。昨今流行の「考える道徳」でも同じである。

こうした問いかけに、生徒はあまり違和感を覚えずに答えようとする。なんらかの「正解」を教員が持っており、それを当てようとクイズに答えるように生徒は答える。当たると喜ぶ。

道徳を受け持つ教員はほとんどの場合学級担任であるから、専門教科はほかにある。道徳教材をじっくり時間をかけて分析、吟味することなど一般的にはありえない。極端な話、前日にプリントが配られ「あしたの道徳、これでお願いします」ということもある。

プリントには20数項目の徳目の一部をもとに、主題名、ねらい、主題設定の理由などが書かれていて、それに沿って指導する。しかしその方法は、他教科ほど方法論として具体的に確立されていないから、倫理や道徳の真理を生徒が自ら見つけ出すというよりは、いかに無理なく生徒を誘導するかが決め手となる。生徒を巻き込む力の強い教員ほど道徳の授業は上手ということになる。

最終的にまとめのプリントに「友情の大切さ」や「誠実さ」「責任感」などの言葉が書かれれば、とりあえずは授業はなんとかうまくいったことになる。

▼「弱者から言えば強者への屈従の約束が、いわゆる道徳であります」

小学校5年生の道徳教材に『手品師』がある。

大劇場のステージに立つことを夢見て、日々腕をみがく貧乏な手品師。ある日彼は、街で元気のない男の子に会う。父親は死に、母親は働きに出ているという。手品を見せると、男の子は元気を取り戻す。そこで手品師は明日も手品を見せることを約束する。その夜、手品師のところに友人から電話があり大劇場に出るチャンスを知らされる。手品師はどちらをとるか悩むが、結局男の子との約束のほうを選ぶ。次の日、手品師はたった一人の小さなお客さまを前にしてすばらしい手品を演じてみせる。

全文を示せないが、この物語と『メロス』を比べてみると、決定的に違うのは文章の躍動感である。文章に視覚的な面白さがなく、全体に動きのない暗い印象を与える。

この物語を教職の授業（教職実践演習）で4回生に読ませた。「二者択一を迫るのは酷」「美談だが、正しい選択かどうか」「息苦しい」「誘導してしまいがち」「自己犠牲を押しつけるのは、戦中の特攻精神のようだ」「結論ありきで無理がある」などの否定的な意見が多かったが、「良い話だと思った」「私も同じような判断をすると思う」という意見も少なからずあった。

私たちは現実の生活で、ある困難に対峙したとき、周囲の人との関わりの中でそれまでの経験や知恵をもとにいくつもの判断を積み重ねてより良い方向を探っていくものだ。しかし道徳の教材では、極限の状況を設定して生徒に個人的な価値判断を迫るものが多い。だから教員は、教材自体がある価値観を誘導する要因をもっていることに気づく感性をもつことが大切だ。たとえ文学的な素材であっても指導者の視点がどこにあるかで「読み方」は違ってくる。教員として生徒の前に立つときに、自分がどれだけ幅のある「読み方」をしているかどうか振り返ることが肝要だ、といった話を学生にはするのだが、彼らが実際に教壇に立った時にどれだけこうしたことを念頭に置いて授業ができるか、現在の道徳をめぐる状況をみると心もとない。

無籍者として学校教育をほとんど受けることのなかった20世紀初めのアナキスト金子文子は、「……弱者から言えば強者への屈従の約束が、いわゆる道徳であります。支配者はいつもこの道徳を長く保つことを第一義的条件としております。」（第二回被告人尋問調書）と喝破する。

どれほど甘やかな装飾が施されようと、国家はいつでも国家にまつろうよう人々を組織しようとする。教員はいつの時代もその先兵の役割を担わざるを得ない。いくばくかの抵抗を現場で試みようとするならば、道徳の国家性と文学のもつ反国家性を教室でどれだけ意識できるかが重要だ。

【Q&A】

「法律が変わった」とウソをつく上司

「労使関係の成立」がなければ何も始まらない！

Q　県内の私立高校に勤める子育て中の女子教員です。働いていていくつかおかしいなと思う点があるので質問します。まず年次休暇ですが、大掃除の際に年休取得を申し出たところ、「大掃除の分担場所が割振られていて、その業務に支障が出るから認めない」と管理職から拒否されました。これは、法的に問題がないのでしょうか。時間外勤務についてですが、勤務終了時間から会議が開始されることがあります。だれも反対の声を上げないので、私は主任に前もって欠席する旨を伝え、こっそり帰宅しています。また、芸術鑑賞などで時間外となっても何の配慮もありません。私立高校なので、学校案内業務という中学生対象の学校説明会があるのですが、これは休日に行なわれます。結果的に土曜日授業、日曜出勤というパターンになる場合もあります。代休措置はあるのですが、土日に業務を入れることはやめません。それから、育児のための勤務時間短縮措置をとっているのですが、17時半や18時半に見回り業務が割り振られることがあります。これは一般教員に対しても同じで、自分で代替要員を見つけて交代してもらうことになっています。また、入試業務の場合、育短などお構いなしに7時半の打ち合わせに出なければなりません。さらに「法律が変わったので、育短は昨年どおりには取れません」など言われています。ほんとうに法律が変わったのでしょうか。

A 厚生労働省のHPをみると、「育児介護休業法は平成21年最終改正、平成22年施行です」と書いてあります。あなたのところの管理職が何を根拠に「法改正があった」と言っているのかわかりません。こういう問題は、言われたときにすぐ「文書をみせてください」と言うことです。育児介護休業法は、建前として「育児又は家族の介護を行う労働者の職業生活と家庭生活との両立が図られるよう支援することによって、その福祉を増進するとともに、あわせて我が国の経済及び社会の発展に資することを目的」としているのですから、そう簡単に来年から取れなくなる、というのはありえません。まして管理職には、職員の健康と福祉を担保する義務もあるのですから、その発言はいただけませんね。

次に年休ですが、これはもう問題外です。管理職失格ですね。労働者の権利の中で年休権は最も強い権利です。掃除の分担場所があるから取れないなどと言うなら「授業がある限り年休は取れない」ことになってしまいます。「正常な業務が妨げられる場合」に限って、雇用者側が行使できるのは年休の時季変更権（年休拒否）ですが、この運用はよほどのことがない限り認められていません。時季変更権で争った裁判では、多くの場合雇用者側が負けています。労基法は一定の要件を満たせば、年次休暇取得権が労働者側にあることを認めているので、一般的に言われる年休を雇用者側（学校では校長）が「承認する」という概念が入る余地はないといわれています。実際、あなたが分担場所を監督することがなかった場合、どのような形で「正常な業務」が妨げられるのか。管理職には正常な業務を維持する義務がありますから、それなりの分担変更などの対応を取る必要があるわけです。例えば大掃除の監督をする人員が極端に少ない場合、掃除自体を中止するという判断もあります。そうやって「正常」を保つ義務が校長にあるのですから、何もしないで「あなたには分担があるから」と校長が年休を認めなかったことは、時季変更権の乱用にあたります。

こういう場合、認めないと言われても「年休は権利です」と言って休んでしまうのも一つのやり方です。非常災害やよほどの緊急事態、生徒はいるのに教員が全くおらず安全確保ができないなどの事態でない限り、あなたがいなくても学校は動いていくものです。裁判などの争いになったら、校長はあなたがいなかったことでどれほど正常な業務が妨げられたか、ということを立証しなければなりません。これは通常、かなり難しいと言えます。「欠勤になるぞ」と脅されるかもしれませんが、「時季変更権の乱用にあたるんじゃないですか」と返してください。

次に時間外についてです。私立学校の中には、公立の教員に支給されている教職調整額4％を支給しているところもあります。本来は給特法は私立学校には及ばず、したがって時間外勤務は労基法の定め通り、25％、50％増しで手当を支給しなければなりません。しかし経営者は考えます。……まともに教員に時間外手当を払ってしまうよりも、あらかじめ4％を上乗せしてそれで時間外手当はなし、としたほうが差引き計算すると4％のほうが「お得」だぞ、それに表立っては公立の先生と遜色ない給与体系だと言えるし……。これは、1971年当時の政権が考えた理屈と全く同じです。この給特法の考えが、強い呪縛となって現在の公立学校の超過勤務の野放し状態、無法化、ブラック化を支えています。

もしあなたのところの給与体系が、給特法を組み込んでいないのなら、超過勤務手当請求をすべきです。それが働く者の本来の姿であって、朝三暮四のサルのように騙され続けているのが現在の公立教員数十万の姿なのですから。

最後にもう一つ。土曜に授業があって日曜日に出勤して学校案内業務をするということですが、これも基本的に労基法は認めていません。労基法は、月単位ではなく週単位の労働時間を定めることで、寝だめ食いだめ?は認めていないのですから。労基法の精神は週単位で休むことが労働者の健康と福祉につながると考えています。2週間休まず働いたから4日連続休めばいい、というのは不当だということです。ただ労基法は一方で、年単位や月単位の変形労働時間も認めています。横浜では宿泊行事等で月単位の変形労働時間制を導入していますが、これも現場の校長がよく理解しておらず、教員もしっかり求めないため、なかなか定着せず、「野放し」のところも多いようです。変形労働時間の問題以前のところにとどまっているのが現状です。

いずれにしても、校長は週単位の労働時間を守らせようとしていませんね。「労基法、校門を入らず」は公立学校だけでなく、私立学校も同じだということですね。

学校に組合はないのでしょうか。もしない場合は、職場で組合をつくるか、個人で加入できる労働組合に入り、雇用者との交渉をされることを勧めます。労使関係が成立しなければ何も始まりません。

Ⅲ　学校的「事件」の本質

「誰でもいい、殺してみたかった」

▼「誰でもいい、殺してみたかった」

初めて長崎・佐世保の事件（注）の報道に接した時、私は2007年、会津若松の男子高校生による母親殺害事件を想起した。下宿先のアパートを訪れた母親を殺害し、四肢をのこぎりで切断、直後インターネットカフェでDVDを視聴、その後、少年は母親の頭部を自転車のかごに入れ交番を訪れ、自首した。頭部は通学用のショルダーバッグに入れており、ぶら下げていた。「誰でもいい、殺してみたかった」とこの少年も語った。

同じように首を切断した佐世保の事件。ごくまれに存在する先天的な嗜癖をもった者が、複雑な環境要因を触媒としてわずかな確率の化学反応を引き起こした、そんなふうに考えるしかなかった。論理的な根拠もない、しかしそうでも思わないとなんとも収まりがつかない事件だった。

二つの事件の嗜虐性は通常の感覚から遠く離れており、単純に一般化などできるものではないと思えた。二つの事件が似ていることは事実だけれど、二つの事件から環境的要因のみを取り出して、何らかの社会システム上の問題を摘出しようとするのは無理があるのではないか。

▼地続きでない違う地平に起きた事件

私は2014年春、長い間勤めた中学の教員を退職したのだが、後年、中高生によるこうした酸鼻を極める事件に接するたび、こうした思いをもつようになった。巷間語られる学校批判や、家族論などのわかりやすい理屈で解けるほど、中高生は単純にはできていない。そもそも、どこの家庭や学校にも個々に問題は起きているのであり、時に激しく自他を傷つけてしまうこともあるだろう。しかし、これら二つの事件のような、加害者の感情の揺れが感じられない、いわば無機質とも思える死体損壊にまで至る事件は、極めて稀有である。これは地続きでない違う地平の子どもの事件と言うほかないのである。

いつものようにテレビのワイドショーは家庭や学校の問題をほじくり出し、10年前に同じ佐世保で起きた事件と結び付けて、心の教育はどうだったのかなどと眉を顰めているのだが、最近では陰惨な事件が起きるたびに言われる「心のケア」、「心」の問題が、安易に語られる。心というものの実態の見えなさ、わからなさを、あたかもレントゲンででも撮影をすれば、かたちとなって見えるかのような幻想を振りまく心理主義とも言うべき傾向が、この国に浸透してきていることを知らせてくれたのも、この事件だ。

すべてが読み解けるわけではない、どこまでいってもわからないものはあるものだ、そういう結論があってもいいのではないか。近代以前にあっては、目の前で起きた理解不能な現象は何らかの神秘的なものとして受け入れざるを得ないものでなかったか。なぜそうなったのかはわからない、わからないけれども、いくつもの物語を付して受け入れる。どれほどの不条理があっても、その物語を受け入れることでしか日々の営みは続かない。そうした知恵が、共同体社会の人々にはあった。翻って、近代に生きる私たちは、まず現象のなぞ解きをし始める。そこには不可解なことに対する畏敬のような感情が極めて薄い。

▼「とりあえずやっておかなければならない」

学校では今、たとえ些細な事件であっても、行政や管理職は先を争うように児童、生徒の「心のケア」を言い立てる。それは「子どもたちのため」を前面に押し立てて叫ばれるのだが、一方で保護する側の「とりあえずやっておけばかっこうがつく」というアリバイ的発想が強い。

それぞれの規模は別として行政は競って、臨床心理士やカウンセラーを派遣する。そうして最も近くにいる親やきょうだいや、学校の中で長い時間を共に過ごす教員は後景へと退き、子どもたちの心の不安は、専門職にすっかりゆだねられてしまう。人にとって最も大切なのは心であり、その心の安寧は、専門的な技術と技法があれば、一定に担保されるというシステムが、疑われなくなっているのだ。そこでは心の傷となった大もとにあるものをどれだけ上手に取り除くかが目ざされる。対症療法的な初期段階のケアが終われば、今度は心の教育である。人のいのちの大切さを涵養するための教材をもとにそれは進められるから、実際の傷や流された血液や骨折時の音などは排除され、被害者のみならず加害者も含めた情念は除外されるか、あるいは単純な図式に変換されて提示されていく。そこにある心の見えにくさ、わからなさは除外、忌避され、抽象的で生活感のない「いのち」観が形成されていく。どんな人にも生きていく価値はある、人のいのちに軽重はない、隣の友達を大切に……。こうして多くの死にまとわりついて離れない不条理さや、行きどころのない人々の情念の発露は、巧妙に隠ぺいされていく。これを一般に教育的な取り組み、あるいは教育的配慮という。

▼「心」という冠詞が付くものには眉唾を

心は教育できるものだと考えるのが、この国の近代公教育の要諦であったと言えば、言い過ぎだろうか。国家は、人々の身体を「国民」として統合していくことを目的として、軍隊や学校を形成した。だからと言って、民衆や子どもたちは、まるごとそうした作為に絡め取られていたわけではなく、一つの処世術として国民的身体や学校的身体に身をゆだねていったものだ。「身体」は絡め取られても「心」は簡単に売り渡さない、ということだ。事実、軍隊も学校もその草創期においての拒否反応は少なくないものがあったし、皇民化教育においてもしたたかなシニカルさを発揮もしていた。とは言え総体的に「身体」を蹂躙することこそが「心」をも形成していくことを、国家は先験的に知っていた。それは、戦前も戦後も変わらない国家の重要な作為である。そうした形成過程は、常に国民にとっての利益を偽装する。国家の末端機構である学校が、その役割を先頭で担う。

問題はそうしてつくられる「身体」と形成される「心」の距離感だ。身体のみならず、「心」も国家に奪われていると意識することはない。私たちは、どこかで「心」だけは不可侵の自由なものという思い込みがあるからだ。

誰にも侵されない「心」というものが、実は知らぬ間に国家に簒奪されているとすれば、「心」が一人ひとりの個別のものであるという思い込みは、国家にとっても都合のいいものだ。なぜなら、社会的に惹起してくるさまざまな問題の多くは、社会システムの問題ではなく、個々の心的な問題と解釈することができるからだ。だから、というのは言い過ぎかもしれないが、学校という労働空間にあって、心の教育とか心のケアなど「心」という冠詞が付くものには眉唾をというのが、私の教員生活のひとつのささやかで感覚的な知恵だった。

▼損壊の先に探していたものは

ところが、今回のような事件に接した時、その程度の認識でいいのか、と問われている気もする。生徒の心のありようを勝手に解釈をしない、生徒が自ら話そうとする雰囲気をあえてつくりだそうとしない、なるべく聞くだけにとどめる、いわばできるだけ生徒の心の問題には入り込まないということを、私は後年、念頭に置いて仕事をしてきたつもりなのだが、そのせいかこのような事件に接すると、思考停止に近い「個的な嗜癖」と「化学反応」で終わらせたくなるのだ。私の限界だろうか。それにしてもだ、いったいこの子たちの、身体への拘りはなんなのか。

佐世保の加害者の女子高校生は、警察に被害者の所在を訊かれても、返り血をきれいに清拭して「知らない」と答えはしたが、その後のとり調べでは犯行を簡単に認めている。会津若松の少年に至っては、血だらけの服装で、切り取った母親の頭部を通学用のショルダーバッグに入れて自首している。どちらも、犯行を隠すような意図は感じられない。

佐世保の高校生は、殺害した友達に対する怨恨はなく、むしろ最も親しい友人であった。会津若松の高校生は、母親との間に確執はなく、殺害翌日は母親の誕生日でもあった。佐世保の事件では、母親の病死、再婚した父親との確執などが報じられているが、殺害されたのは、友人である。

報道の詳細をどこまで見ても、私に共通点として見えてくるのは、「人を殺してみたかった」という彼らの独白と、首や手、腕を切断している点だ。その切断も「死体の処理に困って」というありがちな動機とはかけ離れたものであることは、報じられている事実を見れば共通点と言える。

唐突な結論だが、彼らが目的としたのは「人を殺す」ことではなく、彼らはその先にある何かを探していたのではないか。遺体への関心の薄さからすると、切断や死体損壊は何らかの探索行為なのではないか、としか思えない。しかし、それでも切断までに至る激しい飢《かつ》えの内実と、彼らが損壊の先に何を探していたのか、わからない。

私たちは、そういう子どももまれにはいる、これはそこに偶然居合わせた人々の圧倒的な不幸なのだと、この事件を受け入れるしかないのだろうか。長い歴史の中で多くの人々がそうしてきたように。

▼伝えるべきは、死の不条理さへの想像力

佐世保の加害少女は、今後、医療少年院に送られるのだろう。酒鬼薔薇聖斗や会津若松の少年が、同じ処遇を得たように。カウンセリングや医療の中で、彼らは「人らしい」心を取り戻すのだろうか。一定の「結果」や「寛解」の兆候が見えなければ、更生システムは彼らを解放することはない。しかしどこまでも彼らを塀の中に押しとどめておく理由はないのだから、何らかの「変化」を理由に、システムは彼らを放免しなければならない。しかし、たとえ彼らに人らしい心がよみがえり、反省の気持ちが湧いてきたとしても、彼らがその時生きた、眺めた世界は「どうよ」である。彼らは彼らにしか見えない風景を抱え、飼いならしながら生きていかざるを得ない。

まとまりのない論考になってしまった。この論考で私は、被害者の立場には言及していない。被害者本人や遺族の方の気持ちを忖度すればするほど、客観的な思考は停止せざるを得ない。被害者は、あまりに不条理極まりない死が、唐突に訪れたことにどれほどの驚愕を感じたことか。しかしそのうえで、あえて言うならば、不条理でない死というものがどれだけこの社会にあるのだろうか。戦争、病気、交通事故、航空事故、自然災害など、死はある日突然、私たちの眼前に現れる。

私は仕事から退いてまだ半年も経たないが、現場での脱色されたような「心の教育」に思いを馳せるとき、子どもたちに伝える機会があるとすれば、それは、世界に広がる不条理な死についてではないかと思うのである。

（注）２０１４年7月26日に長崎県佐世保市で発生した殺人事件。被害者は佐世保市の公立高校に通う女子高生。遺体が発見されたマンションに住む同級生の女子生徒が逮捕された。遺体は首と左手首が切断されていた。

学校という空間、教師と生徒という関係

池谷孝司『スクールセクハラ――なぜ教師のわいせつ犯罪は繰り返されるのか』（2014・幻冬舎刊）を読みながら

池谷孝司氏の編著による『死刑でいいです～孤立が生んだ二つの殺人～』は、実母と若い姉妹を惨殺、25歳で死刑となった山地悠紀夫の短い人生と思考を克明に追った作品。筆力に圧倒されたことを覚えている。本書『スクールセクハラ』も10年に及ぶ取材の末にまとめられたルポルタージュで、今まで明かされることのなかった教員によるわいせつ、セクハラ問題に鋭く切り込んでいて、優れたレポートとなっている。

そのうえで両者を引き比べてみると、後者の読後感は残念ながらやや薄く感じられた。『死刑でいいです』には、障害を抱えながら呻吟する山地に対して、差し伸べられる手がほとんどなく、らせん階段を下へ下へと下降するしかなかった若者の言葉にならない思いを、具体的な取材の中から掬い取ろうという執念が感じられた。翻って本書は被害者への取材が中心で、教員のセクハラがいかに卑劣なものかは十分に表現されているが、加害者へのアプローチは、著者の怒りのほうが先行しているきらいがあって、全体を通してやや突っ込み不足と思えた。

生涯つきまとうほどの心の傷を受け、すさまじい二次被害を受ける被害者とその家族の思いをもらさず伝えることは、スクールセクハラ問題を世に問う姿勢として強く共感できる。それら生徒に比べれば、本書に登場する加害教員のいかに恥知らずなことか。言を左右して、取材から逃れようとするのは常套でもあったろうし、弁護士の陰に隠れて逃亡をきめこむに至っては怒りを禁じ得ないが、「盗人にも三分の理」のことわざがある。山地に「三分」があったように、彼らの「三分」にももっと迫って欲しかった。著者の力からすればないものねだりではないだろう。

その意味で第2章の、生徒、保護者の刑事告発を受け、懲役3年執行猶予5年の刑を受けた小学校教員鈴木努に関するレポートは、すぐれたものだった。

鈴木が被害者の由美さんに初めて会うのは、由実さんが小学3年となり、その学級担任となった時だった。鈴木はそれから3年後、由美さんが6年の時、ラブホテルでわいせつ行為を働いたとして逮捕された。逮捕時、鈴木は40代後半。二人の「つきあい」は4年生から2年間にわたった。警察は小児性愛者と考え、家宅捜査をするがそれに類するＤＶＤなどは出てこなかった。「そんな趣味はありません。大人同士の対等な恋愛のように勘違いしました」「10歳だから好きだったのではなく、好きになった相手が10歳でした」と鈴木は言う。

鈴木は教務主任（校長、教頭に次ぐ校内のリーダー職）であり、毎年受験する管理職試験に落ち続けていた。家庭は、同じ教師である妻と息子の３人暮らし。仕事は激務であり、妻とはすれ違いが多かった。あとの告白によれば、「心に隙間があったんです。でもそれは言い訳ですね。事件の原因は、私の意思が弱かったことに尽きます」。

由実さんから「大好き」という手紙を何度ももらい、「チュー券」を渡され、ピクニックや遊園地に二人だけで出かけるようになる。そうした付き合いが続くうちに鈴木は、家庭のことや仕事の愚痴を由美さんにこぼすようになる。由美さんもまた家庭では孤独であり、二人はあたかも対等の男女、相談相手のようになっていく。そうして鈴木は、少しずつ由美さんとの距離を縮め、犯行に及んでいく。

鈴木は裁判で一番ショックだったこととして「教師の権力を使って教え子を思い通りにした」と言われたことを挙げている。著者は一貫して、教員には子どもに対して評価権などの強い権力があり、子どもへのわいせつ、セクハラ事件のほとんどは、この特別権力関係によるものだと主張する。第1章の、高校生の学級担任の立場で内申書や定期試験の問題まで使い、わいせつ行為に及んだ山本武の例はそのものであり、卑劣きわまりないものであるのだが、鈴木のケースは鈴木自身の幻想がたどり着いた結果のように私には思えた。

幼く判断力のない子どもを権力関係を巧妙に使いながらというよりは、私には、二人はいびつではあるが、ある時期たしかに「恋愛関係」にあったのではないかと思えるのだ。40代後半と10歳の女子の間に恋愛関係などありえないというのは常識として理解できるが、子どもという存在は、それほど単純なものではない。四囲の困難に追い詰められている鈴木の目は曇り、自分の行為のいびつさが判断すらできない中で、鈴木はまるごと由美さんに精神的に依存していったのではないだろうか。教務主任の仕事の煩雑さや家族のすれ違いの微妙な部分を語る鈴木の話を、そのほとんどを理解すらできないまま、由美さんがうんうんとうなずきながら聴きつづける奇妙で濃密な時間が、私にはリアリティをもって思い浮かぶ。内容は理解できなくても、由美さんには鈴木の切迫した何かが伝わっていて、鈴木はその温かい実感から由美さんに惹かれていったのではないだろうか。由美さんが、ではなく、子どもという存在は、先験的にそうした大人を包容する部分をもっている。子どもだからわかるわけがない、子どもだからそんな感情をもつはずがない、と切って捨てるのは簡単だが、子どもだからこそ多くのことが瞬時に分かってしまうことがある。

鈴木の決定的ないびつさは、由美さんとの関係を大人の男女の性愛関係と取り違え幻想をふくらませ続け犯行に及んだことだが、これをひとくくりにして教員の特別権力が及んだ結果とは私には言い切れない。人と人との関係の多くは誤解に基づくと言ったのは、だれだったか。

それに比べ、第3章の中学校教員原口の早苗さんに対する卑劣さには、評価権云々の近代的な権力関係というよりは、人を丸ごと支配しようという、どちらかというと動物的な独占欲や執拗さを感じる。部活動がそうした行為の温床になっているのは、著者が指摘するとおりだ。

動物的なと書いたが、さらに詰めて考えてみると、私はこのケースに日本的な師弟関係のありようがかかわっているような気がしてならない。ある技術や技能の伝承には、師への徹底した拝跪が前提条件とされるような湿潤な関係と言えばいいのか。師のためにどれだけすべてを投げ出すことができるか、師と一体化することが、技術の伝承に必須条件となるような。

それは、オウム真理教における師弟関係とも通じるものである。技術、技能そのものよりも礼儀、精神的な姿勢、立ち居振る舞いなどすべてが師のコントロール下に入ったとき、弟子は心的な力を得て、驚異的な技能の伸長に至る。この国の近代学校の中で、そうしたものが唯一部活動の中に一部生きている。

現在、教員採用はどの自治体も売り手市場が大半だが、学校の中心的な活動である教科や学級活動などの特別活動に関心を示して教員をめざす若者は少ない。それよりも、部活動の顧問になりたいと公言する若者が多い。もちろん一つの競技で抜きんでた成果を上げてきた若者も多いのだが、中に部活動生活の中で体験したカタルシスを目標のように考えている者がいる。指導方法もまた、一子相伝ならぬ自分が受けてきた狭隘な指導方法をなぞっているケースも少なくない。

まずは礼儀であり、顧問への服従が基本となる。顧問の叱咤に対してひたすら「ハイ、ハイ」と答える様は、高校野球ならずとも、どこの中学でもよく見かける光景である。答えに「ＮＯ」は想定されていない。子どもへの支配の方法を熟知している顧問は、それを学校の全領域に広げようとするし、部活動は生活指導の一環という発想がまだ抜けきらない現状では、いまだにそれは有効性を発揮していることが多い。

「追い込み」という言葉がある。短い時間の中で驚異的な技術伸長の成果を目指すときに使われる。徹底して身体を追い込み、逃げ場を閉ざして思考を断ち切る。身体で覚えることを強制するのが「追い込み」だ。言ってみれば「火事場の力持ち」をシステムとして機能させるやり方だ。通常の精神状態ではできなかったことが、ある時突然できるようになる。できた本人がだれよりも驚く。自分の力だけではなしえなかったものが獲得できるからだ。体罰は、この時巧妙に使われる。できない、悪いのは自分であり、できるように全霊をかけて懸命に叱咤してくれる指導者は字義通り有り難い存在である。

そこに依拠する原口の、生徒に対する「追い込み」は卑劣極まりない性暴力そのものである。6畳ほどの小部屋で自分は大きなソファに座り、早苗さんを正座させ、執拗に追い込む部分を引用してみよう。

「何で呼ばれた？」

「……注意される点を意識しない甘さのためです」

自分を反省する言葉を絞り出した。

「何で甘さがあるんや？　なんで意識できない？」

「……」

思いがけない追い打ちに、あれこれ答えても「違う」「違う」と次々に否定された。

「すいません、教えてください」

早苗さんが懇願すると、原口は意外な答えを口にした。

「言われた通りできないのは、プライドが高いからや」

「高くありません」

「じゃあ」、三回回ってワンをしろ」

「……」

引用していても反吐が出るほどの執拗さだが、原口は、戸惑う早苗さんを前に同学年のライバルの生徒を呼び、三回回ってワンをやらせる。原口は早苗さんに再び問う。

「何でできたんや」

「先生の前でプライドを捨てたためです」

「あいつは分かってる。おまえはあかんな」

「しまった。やるのが正解だったのか。」（「　」は原文のまま）

早苗さんは追いつめられ「歌います」と言ってしまう。咲いた咲いた咲いたチューリップの花が、と歌う。そしてようやく許される。部員の中でこれは「儀式」と呼ばれていたという。

これに近いことが、全国の学校の部活動の中で行なわれてきた。そしてこんな言葉が、教訓として上手に使われる。

「心が変われば行動が変わる　行動が変われば習慣が変わる　習慣が変われば人格が変わる　人格が変われば運命が変わる」

この格言は、ある心理学者の言葉が出典とも言われているが、元ヤンキースの松井選手が、高校時代に星稜高校の山下監督から送られたものだとか、プロ野球の指導者野村克也の言葉だとも言われる。これを座右の銘として、生徒を指導する部活動の指導者が多い。この言葉自体は、一人の人間が主体的に生きることで人生を切り開いていく、というのが本来的な意味なのだろうが、多くの場合、支配と服従の場面にうまくはまってしまう。ここでもまた誤解が幅を利かせてしまう。原口がこの格言を使っていたわけではないが、原口もやはり「心を変」えようとしたのではないか。そして暴走する。その部分を引用する。

「何でできないんや」

いつものやり取りを何度も繰り返し、原口が言った。

「先生の前で裸になり切れてないからや」

それは初めて聞くフレーズだった。

原口は続けていった。

「先生を信用してすべてを任せてないから、できないんや」

「信用してます。すべてを任せています」

そう答えるしかなかった。

「じゃ、服脱げるか」

「…脱げます」

断ることなどできなかった。

「やってみろ」

早苗さんはセーラー服の胸元のホックを外した。


原口は最初こそ制止するが、そのうちに何人もの生徒を下着姿にし、抱きしめるなどのわいせつ行為を繰り返したという。

私は、ここに教員の権力と言ったものではなく、人の人に対する暴力支配の原初の姿を見る。学校の中にその原初のものが残っていることこそが問題なのだ。戦後の民主主義教育が個の全人的な発達を目指し、何ものにも抑圧、支配されない主体的な人間をつくるものであったにもかかわらず、学校での教育活動の傍流（今でも、部活動は教室の正規の勤務ではなく、わずかな手当の対象でしかない）である部活動が体罰＝暴力＝わいせつ・セクハラを生み出す温床であることに、世間はかなり無頓着であると思う。それどころか保護者の指導者への無批判な妄信がそれを支えているケースも多い。そうして戦後民主主義教育なるものが、いまだに人間の原初的な欲望や暴力を克服できていないことに思い至らざるを得ない。

本書で著者は、教員養成課程の中に部活動の指導方法がないことが、部活動の中での体罰やわいせつ行為が根絶されない原因であるとしているのは卓見ではあるが、この問題は単なる指導方法というより、非対称の人と人との関係の在り方の問題として、もっと哲学的な掘り下げが必要な問題なのではないかと私は思う。

本書の意義は、先にも述べたように、表に出にくかった教員の生徒に対する学校内でのセクハラ・わいせつ行為の実態とその構造を明らかにした点にあるが、やはりここまで来ても私には今一つ食い足りない部分があるように思えてしまう。学校は単なる権力構造だけでできているのではなく、生身の人間の相克の場所でもある。枠組みは教員であり生徒であったとしても、ある時空間では簡単にその枠組みを超えてしまうことがある。こうしたもの言いが、二次被害の肯定に使われることをおそれてもなおあえて言えば、私たちに問われているのは、教員研修の強化や人権意識の涵養、弱者の保護など近代的所産のその先にある、人間のもっと深いところにある暴力への想像力なのではないかと思うのだ。

「生活記録ノート」はなぜ届かなかったか

いじめ「対策」因果な堂々巡り

2015年7月5日、岩手県の矢巾町・矢巾北中の中2生徒村松亮君が、矢巾駅構内で電車に飛び込み、亡くなった。亮君は走って線路に飛び込んだという。

父親は、亮君の死後みつかった学級担任との生活記録ノートの「悪口を言われた」「殴られたり、首絞められたり」(4月頃)という記述、「市(死)ぬ場所はきまってるんです」、「先生!どうかどうか助けてください」、「もうげんかいです」、「ボクがいつ消えるかはわかりません」(6月)という記述に対して、学校(学級担任)が、何の手立ても取らなかったと訴え、学校の責任を問うた。

▼お門違いな「評論」

いつものことだが、テレビ、新聞、ネットは学校側の対応を厳しく批判、それによって若くして自死を遂げざるを得なかった亮君に対して大きな同情が寄せられた。またこれもいつものごとく、尾木直樹ら教育評論家を名乗る人々も口を極めて学校批判を展開、矢巾町の教育委員会について尾木は「いじめ問題の認識が30年前のままです! 文科省の通知や様々な報告書、いじめ防止法などしっかり学習し直して欲しいですね……」「こんな学校と教育委員会で子供たち大丈夫でしょうか⁉　心配です……」とブログに書いた。

長い間、中学校に身を置いた立場からすると、尾木のような批判はお門違いであると思う。現場が文科省通知やいじめ防止法を学習しなおせば、このような事件がなくなるとは思えない。その意味でこの高みからの批判はほとんど意味をなしていない。

現場にいる者は事件の報に接した時、まず渦中の教員や学級担任と自分を重ねるところから思索を始める。彼らが向き合っていた生徒と、今、目の前にいる生徒を重ねてみる。教員同士の関係を想像してみる。ランダムに出てくる相違点と共通点、それらを引き比べたとき、他人事ではないことに思い至る教員が多いだろう。だから論評などせず沈黙する。批判はそのまま自分にも向かってくるし、いつでも自分が十全な対応などできるとは思えないからだ。教員がことあるごとに世間の批判に晒されながら、反論どころかコメントすらしないのはそのためだ。尾木のように、現場から隔絶した安全な「対岸」から無責任な警鐘を鳴らすような発言に対しては、心の中で「違うだろ」と思いながら、結局は無視することで受け流す。

とは言え、教員はもっと現場の問題を外部に訴えていくべきだ、と私は考えてきた。私自身、機会あるごとに拙い主張を繰り返してきた。現場の教員のあずかり知らぬところで、政治家や官僚、有識者らによっていじめ「対策」がつくられていく。それらが現場にまったくフィットしないお飾りであっても、いざ事件が起きると「決められた対策をしっかりやっていないからだ」と批判される。この因果な堂々巡りに多少でも異を唱えたいからだ。

現場から見ると、この事件はどんなふうに見えるのか。以下、いまだ現場感覚が去らない私のささやかな見方について述べたい。

まず、矢巾北中はどんな学校だろうか。

▼風通しの良い学校規模

全校生徒400人ほど。教員数30名。一中学校あたりの学級数の全国平均が11から12学級だから、学年4クラス、一クラスあたりの生徒数33~5名は、いわば平均的な学校規模である。実際に仕事をしてきて、各学年4~5クラスが、さまざまな面から見て適正規模、仕事のやりやすいクラス数だと、私は考えている。

というのも、いわゆる5科目（国・社・数・理・英）など週単位の授業数が比較的多い教科を担当する教員が、概ね学年の全クラスを通して担当できることである。また、4科目（音・美・体・技家）の教員は、たいてい3学年全部の授業を担当するため、学校、学年の情報が共有されやすいし、学年所属教員は学年生徒と顔の見える関係を保つことができる。これが、6クラス、7クラス、8クラスと増えていくと、教員の配置が錯綜して風通しが悪くなる。

4~5クラスの風通しのよさは、生徒会活動等の特別活動、生徒指導、さらに部活動でも有用である。学校規模が大きくなればなるほど、教員の動きはシステマティックにならざるを得ず、よほど意識しないと他クラス、他学年のことが見えない状況となることを考えれば、矢巾北中の学年4クラス130〜150人は、中学校としては最も運営しやすい学校規模と言えるのではないか。にもかかわらず、なぜ亮君の担任の情報は、校長や他の教員と共有されなかったのか。

▼奇妙なクラス編成

小学校と違って中学は毎時間違う教員が教室に入ってくる。学級担任でなくとも週に3〜4時間の授業をもつ。少なくても10人以上の教員が30数名の様子を見ている。亮君の様子だけでなく、日々の生徒の変化が見えてきて当然であり、職員室の同じ溜りにいる教員、せいぜい7〜8人ほどの学年職員の中で、それが共有されないことはありえない。中2の学年職員が中1から持ち上がるのが通常と考えれば、遅くとも中1の半ばには全員の顔と行動の傾向を把握しているものである。そうでなければ、中1から中2へ上がる際の学級編成などやりようがない。亮君に対する1年次のバスケットボール部内のいじめについても、学年内の教員は知っていて当然である。ところが、中2のクラスの学級編成では、その4人の加害者グループのうち、2人が亮君と同じクラスに入っているという。おかしな話である。

いじめや生徒指導上問題があった場合、年度末の学級編成では当事者同士を同じクラスに入れない。学級担任の資質や力量がどれほどであっても、生徒は1年間在校時間のほとんどを一緒に生活するわけで、トラブルの再燃、さらなるこじれを防ぐためには、慎重に編成を行ないよけいな接触を避ける、いわば距離をとらせることは学級編成の重要なポイントである。まれに、学年全体に「荒れ」が広がっている場合、問題を抱えた生徒が多すぎて4～5クラスに分けることができず、複数を同じクラスにすることはある。この時の問題は生徒同士の組み合わせ方であり、「化学反応」をいかに少なくできるか、学年職員の情報判断のセンスが問われる。

▼生活記録ノート上のすれ違うやり取り

さて、何度も報道された亮君の「市（死）に場所は決まっているんです。」という生活記録ノートの記述に対して、担任は◎をつけて「あしたからの研修、楽しみましょうね」としていた点について。公表されている生活記録ノートの記述を見てみる。

亮君：今日は新しい学期と学年でスタートした1日です。この今日を大切に、でだしよく、終わりよくしたいです（4月7日）

担任：新しいメンバーで戸惑うと思うけど、みんなと協力してがんばろう

亮君：づっと暴力、づっとずっとずっと悪口。やめてといってもやめないし、もう学校やすみたい。そろそろ休みたい氏〈死〉にたい（5月13日）

担任：予行でいろいろ言われたのですね。全体にも言おうと思います。失敗した人責めないように。

亮君：なにかの夢をみたようです。誰一人いない世界に一人ぼっちになったようなかんじ（5月15日）

担任：〈記述なし〉

亮君：実はボクさんざんいままで苦しんでたんスよ?なぐられたりけられたり首しめられたりこちょがされたり悪口言われたり！（6月8日）

担任：そんなことがあったの??それは大変、いつ??解決したの?

亮君：解決してません。またこりずにやってきた。もうほんっとやめてほしい。もうそうじの前に殴っちゃったよ。（6月9日）

担任：〈記述なし〉

亮君：ここだけの話、絶対誰にも言わないでください。もう生きるのに疲れてきたような気がします。氏〈死〉んでいいですか?（たぶんさいきんおこるかな。）（6月28日）

担任：どうしたの?テストの事が心配?クラブ?クラス?元気を出して生活しよう。

亮君：ボクがいつ消えるかはわかりません。ですが、先生からたくさん希望をもらいました。感謝しています。もう少し頑張ってみます。ただ、もう市〈死〉ぬ場所はきまってるんですけどね。まぁいいか。（6月29日）

担任：明日からの研修たのしみましょうね。

▼テクニカルな対応？

いくつか気になることがある。報道では亮君の言葉に対して担任はまともに答えようとしていない、向き合おうとしていない、という強い批判がなされた。特に6月29日の記述についてである。「もう市ぬ場所はきまってるんですけどね」と書く生徒に「研修楽しみましょうね」はたしかにかなりずれている。私は最初にこの部分を読んだとき、これは担任のテクニカルな対応ではないかと感じた。

というのも、不定愁訴的な訴えを繰り返す生徒に対して、親身になって話を聴けば聴くほど、訴えが相談者との間で共有され客観化されてしまう。結果として初めはぼやけて実体が見えなかった訴えが、いつの間にか輪郭をはっきりさせ、悩みとしてかえって深まってしまうということが、ままあるからである。

生徒の状態によっては「聴き過ぎないこと」が必要である場合もあるし、思い切った話題転換が、生徒の気持ちの浮揚につながるというケースもある。この担任はそうしたテクニカルな方法を選んだのではないかと考えた。しかし他のやりとりを見てみると、どうもそうは思えない。

5月13日の担任のコメントの最後に「失敗した人を責めないように」とある。また5月15日の記述に対してはコメントなし。6月8日にはいじめを訴える亮君に対して「そんなことあったの?」とある。6月9日の「もう、そうじの前に殴っちゃったよ」にもコメントしていない。6月28日の

「氏んでもいいですか」に対しては、原因はいじめではなく、テスト、クラブ、クラスの問題かとコメント。「コメントなし」もある意味雄弁である。

▼亮君はどんな生徒として見られていたのか

これらを意図的に「ずれ」をつくっていて、正面から向き合っていないとみるか、それとも担任の亮君に対するある傾きをもった思いが、はからずも出てしまったものとみるか。

亮君はたぶん担任の教員にとって、扱いの厄介な「めんどうな子」だったのではないか。小さなトラブルの原因になったり、お調子者で考えもなく人の揚げ足をとったり、突然強気な発言をしたり、そうかと思うと「いじめられる」と訴えたりする。一方的な被害者生徒としてではなく、なんとなく扱いにくい「めんどうな子」だったのではないか。そう考えるとズレたコメントや「コメントなし」もわからないではない。ほかのところで「先生にはいじめの多い人の名前をおしえましょうか。もうげんかいです。」という亮君の言葉に「上から目先（ママ）ですね」というひとことだけのコメントがある。それがのどから手が出るほど欲しい情報というより、そんなことは知りたくない（知っている）、それより何?その言い方は、という彼女の苛立ちが伝わってくる。

私は、亮君が特別異質な生徒と言っているわけではない。亮君のような生徒は中1から中2の男子では珍しくない。育ちざかりというのは、振れ幅の大きいバランス感覚の悪さを有しているものだ。そんな生徒に私はたくさん接してきた。

亮君がそうした生徒と違うのは、彼自身がいつからか「死」というイメージを内部に抱え込み始めたことだ。子どもの自殺は大人とは違って、アプローチの少ない唐突なケースが多い。今さっき普通に話していたのに次の瞬間に、といったケースだ。メッセージを残している場合も多いから、原因がその記述に求められてしまいがちだが、メッセージの内容が原因で子どもが死んでいくのならもっと多くの子どもが死んでいるのではないか。思いはあっても実際に自死する子の絶対数はかなり少ない。「死にたい」と「死ぬ」ことの間の距離は、大きくかけ離れている。

私には、彼が何らかのきっかけから病的な状態に入っていってしまい、そこから抜け出せずに自死に至ってしまったように見える。「死」という字を避けて「氏」「市」としているところに彼の抗う気持ちを見ることができる。「死」を使うことでより死のイメージが強まることを彼は無意識に感じていたのだろう。

▼共有されていた亮君の認識

ところが、担任が彼をめんどうな子、厄介な子としか見ていなかったとすれば、彼の困難な精神状態に気がつけない。学年職員がノートの内容を承知していないという報道があったが、これも疑問だ。まず担任が一人で抱え込まなければならない理由がわからない。せいぜいが7〜8人の学年職員の中で「死ぬ」という言葉が生活記録ノートにあった場合、担任は責任の分散という意識も含めて他の職員に伝えるのが普通である。類推するに、亮君に対する評価においては担任をはじめ学年職員は同じ感覚を共有していたのではないだろうか。

生活記録ノートに「氏にたい」「市ぬ場所」とあっても、普段の行動から、それらも自己顕示の表れとしか解されず、いじめもまた「あいつも自分の方からちょっかい出すからなあ」「気を惹きたいんだろうね」といった具合に見ていたのではないか。そうでなければ「なにかの夢をみたようです。誰一人いない世界に一人ぼっちになったようなかんじ」といった詩的とも言える異質な文章に「コメントなし」では返さない。「氏んでいいですか？（たぶんさいきんおこるかな。）」「もう市ぬ場所はきまってるんですけどね。まぁいいか」に対して、はぐらかすことはしないだろう。

彼女は亮君についての情報を抱え込んではおらず、亮君への認識について学年職員と十分に共有していたのではないか。そうして生活記録ノートの記述をいわば「軽く」見ていたのではないか。そうでなければクラス編成において、加害生徒とみられる生徒4名のうち2名と同じクラスにすることなどありえない。校長が行政に報告していた「いじめゼロ」を下支えしていたのは、生徒の奥行きや多面性を受け入れられない教員集団ののっぺりとした「子ども理解」だったのではないか。

蛇足だが、4クラス程度の規模では異変は学級担任からではなく、教科担任からもたらされることも少なくない。おかしいと気づいた教員が他の教員に伝えたときに「そういえば……」と思いあたる教員がいて「じゃあ、少しみんなで注意してみてみよう」となり、異変は形を変えながら少しずつ共有されていくものだ。

中学生の日常では「死にたい」という言葉は意外に簡単に出てくるものであるが、それでも生徒から「死ぬ」という言葉がでてきたとき、それに反応できないままやり過ごしてしまうとしたら、何かしら教員集団が動脈硬化を起こしていると私は考えてしまう。

▼めざすべき中学校？

最近では学校評価という言葉がよくつかわれる。学校そのものが「外部」から評価されるのだ。生徒は教員の授業を評価し、保護者は教員や学校の取り組みを評価する。成果主義という言葉が浸透し始め、業績評価も実際に行なわれ、教員の給与に反映もされている。学校は今、生徒も教員もいたるところ評価、評価である。

中でももっともアピール力の強いのは部活動である。私が住む横浜でも県大会出場、関東大会出場などの横断幕が校舎のみならず、近隣の駅にまで掲げられるようになってきている。また、校長が部活動の加入率をアピールする傾向も強まっている。20年前にはなかったことである。横浜のような郷土意識の薄い地域ですらそうなのだから、地方の中学にあっては何をかいわんや、である。部活動が盛んで、生徒指導のない落ち着いた学校、いじめゼロの学校……。矢巾北中だけが特別な学校ではない。今では多くの学校がこうした学校をめざしている。

これも今では一般的なのだが、めざすべき路線が明確であればあるほど、些細な問題は振り向かれない。いちいちそれにかかずらわっていれば日常の活動が滞ってしまう。多少気になることがあってもうちうちで処理し、全体に問題を投げかけることなど極力しない。校長も外部へのアピールに熱心だから「頑張って結果を残している生徒たち」に目が向きがちだし、いじめは成果主義とは無縁のマイナス要因であって、あっても見たくもないものだ。そんなものは上手に処理しておいてくれよということだ。矢巾北中についての情報を集めていて感じたのは、驚くほど都会と地方の質的な差がないことだ。「部活動が盛んで落ち着いた学校」、日本全国、中学がめざしているあるべき学校像だ。

▼空洞化していく教員の感性

先生たちの日常を考えてみよう。早朝6時過ぎから部活動の朝練を始める学校もある。8時～8時30分朝読書と言われる取り組みから一日が始まる。授業は50分6時間。昼食時間は短いのだが、学校では昼食も教員からすれば「昼食指導」である。問題が生起しやすい難しい時間でもあり、授業よりもセンシティブな場合もある。昼休み、この時間は生徒にとっての「休み」であって、教員には授業の準備、生徒の相談、見回りなどの業務がある。労基法が定めている休憩時間はたいてい夕方4時前後に設定されている。しかし、その時間は生徒の特別活動の時間、いわゆる委員会活動や学校行事の準備の時間、そうして夕方から日暮れまで部活動。一斉でなくとも取得は全く困難だ。

夏場なら生徒がすべて帰るのは早くて6時半ごろ。この時点で教員の中にはすでに12時間を超えて働いている者もいる。ここからが授業準備や保護者への連絡、事務仕事である。退校時間は早くて9時というところか。これが生徒指導のない、いわば落ち着いた学校の教員の働き方である。超過勤務が支払われない教員は、管理職も教員も超過勤務に対して鈍感である。平気で時間外の会議を設定する。休憩時間の概念すら学校にはないから、勤務時間は法定労働時間を超えて制限すらないというのが実態だ。

そうした中で、部活動で成果を出せ、授業の手は抜くな、保護者対応を丁寧にやれ、生徒の相談には必ずのれ、そして生活記録ノートは毎日きちんとコメントして返せ、そんなことを誰が言うともなく、いつの間にか努力目標とされてしまっているのが現下の教員の日常ではないか。どこかが空洞化していくのは当然である。それはどこか?

ある地方の若い教員と話した時に「矢巾町の事件以来、生活記録ノートをとにかく克明に書け、と言われるんです。書くだけで2時間、3時間かかってしまいます」と彼はため息をついた。感性はそうした中で麻痺、摩耗していく。矢巾町の事件は、そうした教員のおかれている状況の一端をも見せてくれたのではないだろうか。

教員のいちばん大事なところが空洞化している。それは、生徒の行動、所作から、言葉にならない何かを敏感に感じとる力だ。それは文化的、集団的な営みでもあるのだが、一方どこまでも個的な想像力の問題でもある。寄せては返す波のようなゆったりした日常の繰り返しの中でこそ、そうした感性は磨かれるのだと思う。まずは学校の日常の在り方を問い直そう。人が豊かに育っていく時間が本当にそこに流れているのか、考えてみよう。

不登校の子どもをもてあます親たち

▼親子の「もてあまし感」

学校にはさまざまな社会的な役割があるが、表だって見えない役割のひとつに託児機能がある。授業などの本業はもちろん、巷で話題となっている部活動も、かなりの時間、子どもたちを学校に留め置く託児機能を負っている。夕方以降の学習塾も託児機能を学校から引き継いでいると言える。

思春期の子どもをもつ親にとって、長期の学校の休業は、学校の託児機能に気づかされる時間だ。長期の休み中でも部活動に出てくれているうちはいいが、中3ともなれば部活動は夏前に「引退」してしまうことも多い。勉強は「塾でやった」と言い、子どもというのもはばかられる大きなからだが時に横になって狭い家を占領するうえに、三食しっかり食べるのだから、男女を問わず鬱陶しいことこの上ない。昼食も母親は自分だけなら残りもので済ますところを、育ち盛りの子どもは、相応のボリュームのあるものを求めるものだ。ふだんの学校給食のありがたみを感じるのもこの時期だ。そうして手間ひまをかけても「ありがとう」のひとつも返ってこないのが思春期の子どもである。返ってくるのは、ありえないほど不機嫌極まりない表情と一文節だけの数少ない言葉だけだ。愛してやまない子どもであっても、まさなきだに、「少しでいいから、わたしの目の前から消えてほしい」と考えたことのない親はいないだろう。

子どものほうはどうなのだろうか。飼いならせないほどの不機嫌さの中に自分がいても、親が自分のテリトリーに理不尽に介入してこない限り、おおかたの子どもは親を「うざい！」とは感じはしても「消えてほしい」とまでは考えない。子どもにとって親は、おおむね所与の存在だからである。一方、親にとって子どもの育ちはアンビバレントな感情を含むもので、長い時間子の育ちを楽しみにしながら、なんとも言いがたい違和感と異物性を子どもから繰り返し何度も感受せざるを得ないものだ。

こうした違和感や異物性を日常的に言いなすと「もてあまし感」となる。もてあまし感は、そのまま親子が分離していく生物学的な予兆と言い換えられる。だから親子関係においては避けて通れないものなのだが、「子ども期」が際限なく伸びていると言われる昨今、親子は分離、自立どころか、共生状態を長く維持しているケースも少なくない。それは現代の社会構造の変化が支えている部分が大きいのだが、親子のこころの在り方としてはどうなのだろうか。親はそこでは子どもをもてあましていないのだろうか。

結論を先に言えば、子どもをもてあまさない親などいないと、私は思う。這えば立て、立てば歩めの親心というが、立って歩きはじめれば、向かって歩いていくところは親の思いから遠くかけ離れていく。その意味で育つ過程にある子どもは、親にとっては目を細めて見るだけではない、やっかいな存在であるのだが、そんな感情は少しずつ広がっていく物理的な距離によって相殺されていく。もちろん親にしても加齢により子どもからもてあまされる時期を迎えるのだが、こちらは目の前に「死」という成長とは逆のベクトル上にいるぶん、子どものもてあまし感は基本的に親が子に感じるものとは本質的に違うものだ。

ことほどさように親子には互いに「もてあます」関係や時期があるものだ。ちなみに「もてあます」の類語を辞書で拾ってみると、扱いに困る、置いておけなくなる、手に負えない、厄介な、たちの悪い、扱いにくい、一筋縄でいかない、などの言葉が出てくる。どれもが蜜月期を過ぎた親と子どもの状態を言い得ているようである。人の分離や自立は、こうした多くの類義語の中にイメージされるのではないかというのはネガティブ過ぎるだろうか。

本稿では、私自身が学校の現場で見てきた親子関係、とりわけ不登校生徒の親の「もてあまし感」について考えてみたい。

▼A子の場合

ずいぶん前のことになるが、不登校の生徒二人のことである。異動してきたばかりの私に、前学年からの申し送りが渡された。

その時中3のA子は、教員とのトラブルがきっかけで、中1の秋から不登校になっているという。しかし申し送りにはトラブルの具体的な内容記載はなく、問題はA子側にありという線でまとめられている。周りの教員はアンタッチャブルを決め込んでいて取り付く島もなかった。

最初の仕事はA子の家への電話だ。予想通り通じない。携帯のない時代である。クラスの生徒へ声をかけてみる。

「誰かA子の家、知っている？　家庭訪問したいんだけど、おうち知っている人いたら一緒に近くまで行ってくれないかな？」。

不登校の生徒にもいろいろなタイプがあって、周囲とまったくの音信不通となっている生徒もいれば、細いパイプでつながっている生徒もいる。とりわけ怠学傾向をもつ生徒には、外とのつながりを確保しているケースが多い。そういう生徒の情報は多く、クラスで声をかけると「この間、コンビニにいたよ」とか「ゲーセンで見た」などの雑多な情報が集まるものだ。そんなつながりに期待する気持ちがあっての声かけだった。

次の日さっそく手ごたえがあった。朝の学活から職員室に戻ると「A子、相談室に来てますよ」。教室からの発信がA子まで届いたらしい。相談室には、やや小太りの私服の女子が坐っていた。髪は茶色。どこか斜に構えた感じで私を無遠慮に眺めている。この中年教師がどんな男なのか、とりあえず見ておこうということか。

「よく来たね。体調はどう？」「また、こんなふうにして来てくれると、進路の話なんかできていいと思うけど」と水を向けると、間をおいて「来てやってもいいよ」。うるさくなさそうな教員と思われたらしい。「別に頼んでいるわけじゃ……」というセリフは呑みこんで、「じゃあ、来られるときは電話してくれるかな。時間をとるようにするから」。

1週間経ってもA子から電話はかかってこなかった。こちらからかけても誰も出ない。今度は手紙を書く。親向けだ。「一度お話ししたいのですが……。進路のこともありますから」。

中3生には何かにつけて「進路」が話の潤滑油になる。原級留置、いわゆる留年措置は90年代初めにはとられることがなくなり、一日も登校しない生徒でも、ところてん式に卒業させる。受け皿となるいわゆるサポート校にもいくつもの選択肢があるから、彼らも卒業の時期には他の生徒同様、何らかの「進路」を選択をすることになる。

それともうひとつ、手紙の効能。家の電話に留守電機能が付いていれば伝言を入れればいいのだが、なければこちらの働きかけはなんの痕跡も残さない。それに比べ、手紙はこちらの働きかけが軟着陸できる手助けをしてくれる場合が多い。今のように全員のメールアドレスが登録されている時代とは少し違う。

しかしこれも一週間を過ぎても反応がない。読んでいないのか、読んでいて無視しているのか。次はいよいよ足跡を残す家庭訪問である。

夕方、歩いて20分ほどの彼女の家の前に立つ。住所に間違いはないのだが、玄関らしきものが見当たらず、どこから入っていいのかわからない。家の周りを歩いて、ようやく小さなドアを見つける。声をかけると小さな女の子の声で返事がある。「中学校の担任の……」と言いかけたときに、ドアが開いて中年の女性が顔を見せる。「中学校の先生？」とけげんな顔。明らかに寝起きの表情。上がり框での立ち話となるが、事情はわかってもらえ「そうですねえ、進路も決めなくちゃいけない時期なんですよねえ」と言いながら、娘が学校に行かなくなった経緯をポツリポツリと話し始める。「無理に行かなくてもいいからと言っているんです」。学校に不満はあるが、積極的にそれを訴えるつもりはないようだ。

奥の部屋に布団がいくつか敷いてあるのが見える。ついさっきまで先ほどの小さな子とA子、そして母親が一緒に寝ていたようだ。

A子が顔を見せる、悪びれた様子はなく「先生、来たんだぁ」と少し嬉しそうでもある。三人で進路の話になる。学校はもういい、働きたいと言う。母親もうなずいている。じゃあ今度、求人の資料を調べておくから、一度三人で話をしようということになり、辞去。

それ以降、卒業するまでA子は、朝のわずかな時間、学校に顔を見せることもあったが、それでも登校した回数は二桁にはならなかった。三人での面談は成立せず、母親は一度だけ個人面談に来て、すべておまかせしますので、と気のないふうに話して帰っていった。一年間、私は定期的に連絡はとったが、それ以上のアクションは起こさなかった。形だけの登校刺激より、薄くつながりを続けるほうが意味があるように思えたからだ。

今でも彼女のことを思い出すたびに、上がり框から見えた布団で三人が寝ている光景が浮かんでくる。下の子も学校には行っていなかったという話だ。世代の離れた三人、間違いなく彼らは親子なのだが、それは共同生活のように見えた。父親の影はなく、母親は娘らをもてあますふうもなく暮らしていた。A子は結局、学校があっせんした仕事には就かず、自分で探したお店に就職した。

不登校のほとんどはいつか終わる。そのままひきこもりになるケースもないわけではないが、私自身はそうしたケースに遭遇したことはない。いつも思うことだが、閉じこもることを止めて外へ出ていくためには、それ相応の時間と場所というバックヤードが必要なのだと思う。A子にとってはたぶん、二人の家族と多くの時間を過ごした布団の敷いてあるあの部屋と、友だちとの細いパイプがそうだったのかもしれない。なにしろA子は自分の足で就職先を探したのだから。

不登校の生徒にとって何がバックヤードとなるのかを知るのは簡単なことではない。親にさえなかなかわからない場合が多いのではないだろうか。

▼B夫の場合

もう一人B夫は、中学2年の三学期から不登校となり、以後一度も登校していない。こちらは電話もすぐに通じ、家庭訪問の約束も簡単に取りつけることができた。以後、卒業まで週に一度、あるいは月に三度ほどの家庭訪問を繰り返すことになるのだが、本人は小柄で穏やかな性格で、私のたわいもない話をニコニコしながら聞いている生徒だった。漢字の小テストや数学の計算問題などを一緒にやると、これもまたとっても楽しそうである。時には外を散歩しようかと帰りがてらに近くの河畔を二人で歩くのだが、河川敷で畑仕事をしているおじいさんにもB夫はためらいなくあいさつをする。「学校行ってるのかい？」薄く笑って応える。「え？　学校の先生？　いいねえ、いっしょに散歩して」。これにも同じ反応。私を駅まで送ってくれて、家に帰っていく。

母親の話はいつもため息交じりで、自分を責めるところから始まった。B夫が小さかったころのさまざまなエピソードを想起し「そういえばあのとき……」と、些末なエピソードが不登校の前兆だったように言うのはいつものこと。そうして最後に行き着くのは「先生、結局私のせいなんですよね。あの子、小さいころから素直というか、かわいい子だったし、大きな声で叱る必要なんてほとんどなくて。でも結局甘やかしてしまったんでしょうね。いざ行かなくなると今度は無理やり連れて行って。泣いてもわめいても学校だけは行かせなきゃと思って頑張ったんですけど……。いっそのこと……」。

内へ内へ向かっていくのが私が出会った多くの母親たちの特徴だ。何人もの母親から、一緒に死んでしまいたいと思い詰めたという話を聞いた。「そんなに無理やりこじつけなくてもいいですよ、B夫が不登校にならなかったら、ちょっと変わったところがあったぐらいの話だし、よくある子どものころの笑い話でしょう」と私は言う。それでも続く母親の話はなるべくさえぎらずに、しんどいけれど聞き続ける。しかし聞き過ぎるのもよくないなと感じることもある。底の見えない深い穴に一緒に分け入っていくような感覚もあるからだ。

私が話すのはとりとめのない世間話。学校の出来事や行事のこと、私の個人的な話、妻のこと、子どもたちのこと。私たち夫婦のなれ初めを話して、両親の出会いも訊いてみる。当たり前だが、彼らにも若くてキラキラした時代があったことがわかる。子どもも大きくなってきたんだし、夫婦で何かスポーツしたり、カラオケしたり、共通の趣味でもあるといいんだけど、どうですか? などと水を向けてみたりする。野球のバッティングで言えば、ボールの芯をわざと外すような話ばかりだ。それでも話はすぐに不登校の話に戻る。でもこむずかしい話はしない。いつか必ず子どもは自分から動き始める時が来ると思うから、ゆっくり一緒に待ちましょう。ユルい結論で話は終わる。

こうした家庭訪問を続けているうちに、暗かった表情の母親が少しずつ明るくなっていった。繰り言のようなエピソード語りも少なくなり、あまり気にしなさそうだった身だしなみがきちんとしてきて、リビングも雰囲気が少し明るくなっていった。B夫との関係にもピリピリしたところがなくなり、学校に行かないという状態を受け入れられるようになったようだった。自分を責めるという形で子どもをもてあましていたのが、自問自答を経ながらB夫とある程度の距離が取れるようになり、客観的な判断ができるようになったからだろうか。もてあまし感を上手に飼いならせるようになったようだった。

私はB夫の父親とも話をしようとしたのだが、父親は私と話をしたがらなかった。何度か母親から声をかけてもらうのだが「俺はいいよ」と言うのだという。なぜ話したがらないのか。幾人もの父親と対してきたが、こうした反応は珍しくない。父親たちが教員と話をしたがらないのには、何か共通の理由があるように思えた。

▼父親と学校のかかわり

イクメンと呼ばれる若い世代の男親は、育児に主体的に取り組んできたぶん、学校に対しても正面から歯に衣着せぬ物言いをするといったことをよく聞く。若い男親の中に地殻変動が始まっているのかもしれないが、私が付き合ってきた父親たちは、まれに授業参観などに来ても、そのあとに設定されている学級懇談会に顔を見せることはほとんどなかった。

振り返ってみれば、私自身も子育ての時期、授業参観すらまともに行ったことがなく、個人面談は妻との分担で年に一度ほど。同業者に見られるのは先生も嫌だろうから、というのは表向きの理由で、私にも学級担任の先生やら保護者の方たちと同席する場を忌避しようという心持ちがあったようだ。

そこから想像してみると、そこにはどうやらふだんのわが子との関係の薄さが根底にあるようだ。イクメンの若い父親のストレートな物言いと考え合わせれば、父親が学校に対して引き気味になるのは、子育てへのかかわりの薄さ、淡さによるものではないかと思う。

それでも男親が勇んで学校に乗り込んでくることがある。わが子が理不尽な被害を受けたという時だ。しかし、父親の登場は問題の解決を難しくしてしまうことが少なくない。下っ端では話にならない、校長を出せとほとんど例外なく父親は言う。企業へのクレームと同じように単純化した理屈で迫ってくるぶん、問題の実相とかけ離れてしまうことが多い。父親が子ども間の微妙な関係や誤解、すれ違いに目を向けている場合はいいのだが、問題を大づかみにすればするほど、提示する解決の道すじも前のめりなものとなり、かえって事態を迷走に誘ってしまう。父親の突然の登場は先ほどの「引き気味」の裏返しであって、力めば力むほど勇み足になってしまうことも多い。わが子との日常的な関係の薄さと情報量の少なさを考えれば仕方がないことなのだが。

▼わが子の不登校を前にした父と母は

B夫の父親とは、学校で話すことになった。しかし話は弾まない。話したくて来たのではないから仕方ないのだが、父親がポツリポツリと話すのは、どうして学校に行けないのかわからない、自分が中学生だったころには学校に行かないなんてことはあり得なかった、皆行くものと思っていた、うちの子は性格的に弱いところがある、ひとつのことにじっくり取り組むことができない、勉強にも集中力が欠ける、意志が弱いから学校にも行けないのではないか、母親が甘やかしたせいもあるかもしれない……。時に父親がB夫のことで母親をなじることがあったことは、聞いていた。

反論はしない。居酒屋の教育談義なら議論で盛り上がるのもいいが、わが子が学校へ行っていないという状況は、子どもから心理的にも物理的にも離れている父親にとっては周囲が考えている以上に厳しいものがあるものだ。父親もつらいのだ。私からは、差し出がましいけれどと前置きをして、「子どもはそれぞれ違っていて、子どもによっては時々エネルギーが切れてしまうときがある、それがほんの短い時間で充填できる子もいれば、長い時間がかかる子もいる。何もせず怠けているように見えるかもしれないけれど、それはB夫にとっては必要な時間、行かない理由をたくさん見つけても行くきっかけになるとは思えない、B夫のことで親御さん同士で責め合わずに、お二人はお二人の時間を大事にして、B夫に振り回されずにゆっくり待ってほしい……」。親が同世代ゆえの気安さもあって、そんな話をした。父親は納得するふうもなく、帰っていった。

B夫の父親同様、私が出会ってきた何人かの父親たちには、子どもの「不登校」状態に対する評価に共通する面を感じることがあった。彼らは子どもが学校に行かなくなったときまず、子どもは怠けているのではないかと考える。これは母親も同じである。登校時間に合わせるように起こる腹痛は、学校に行きたくないことをごまかすための方便ではないかと考える。時には強引に登校を促すこともある。それが功を奏さないとわかると、病気のせいではないのかと考えて病院を受診する。しかし、病名をもらい投薬を受けても「症状」は改善しない。相変わらず登校時間になっても着替えもせず、時には起きてこないこともある。母親の話では、登校時間が過ぎて起きてきて、普通に食事をして、一日中テレビを見たりゲームをしたりして過ごしているという。母親たちの多くはここから長く苦しい自問自答を繰り返して、いつしか不登校という状態を受け入れ始めることが多い。

しかし父親たちは、事態を必要以上に悲観的に考える。この子は社会的不適応者ではないか、普通の人生を送ることはおろか、脱落者、敗残者として生きるしかないのではないかといったイメージが彼らの中に巣食いはじめる。人は常に生産的であるべきという発想から抜け切れないのだ。子どもというものは、育てば自分で自分の道を見つけ巣立っていくものであり、当たり前にそれができないのは子どもの能力に問題があるのではないのか、と。母親が自分の子育ての中に原因を求め自分を責める傾向があるのに対して、父親は、不登校という現実の前に思考を停止して、割合早いうちにこうした諦念に向かう傾向がある。

それでも親子は同じ屋根の下で生活をしている。母親が登校刺激に意味がないことを認識したあとに、母子の生活のリズムをつくりだし始めるのに対して、諦念にたどり着いてしまった父親は、たとえ子どもが目の前にいても、見えていないような行動をとる。物理的にも子どもを「視界から外す」のである。

以前に担任した別の不登校生徒の父親は、中学に勤務する教員だった。生徒指導担当でもある父親は、日常的に不登校生徒の保護者の相談にのっており、さまざまなノウハウをもっている人のようだったが、それゆえか私との面談は極力避け、ようやく面談が成立したときには、「学校のせいではありませんから」と繰り返し、早々と腰を上げるのだった。

私は家庭訪問を繰り返していたが、父親と家で会うことは一度もなかった。聞けばふだんの帰宅はかなり遅く、土日は運動部活動の顧問としてほとんど出勤しているという。父親と息子の接点はずいぶん前に切れていると母親はさびしそうに話してくれた。すでに母子関係は安定してきていて、進路も含めて息子は前向きに動こうとしているときだったが、習い性となってしまったのか、父親の対応に変化はなかった。

もちろん父親の中には、母親同様に不登校状態を受け入れ、むやみに子どもと正対せず、自分の生活のリズムや考え方を少しずつ変えていった方もいた。だからことさらに性別で線を引くつもりはないし、対応の違いは、親子関係の向き合い、距離感のとり方の違いのようなものかもしれないとも思うのだが……。

B夫は、卒業後急激な変化を見せた。通い始めた高校では生徒会活動に打ち込み、大学に進学したという。そのころ毎年送られてきていた母親からの年賀状には、そのときどきのB夫の様子が、遠慮がちに書かれていた。

▼不登校のその後

私は初めに親子の間で抱え込む微妙な違和感＝もてあまし感が分離と自立を促すのだと述べた。私がかかわってきた不登校生徒の親子、それはもちろん父親も含めてのことだが、とりわけ母親たちは皆いちように大きなもてあまし感を内に抱えて、先の見えない分離と自立を夢見ていた。しかしようやくわが子が不登校から抜け出し新しい道を歩き始めても、彼らはもろ手を挙げて喜んだりしなかった。苦闘ともいえる長い自問自答から、彼らは普通一般とは違った新しい親子関係の切り結び方を見つけたのではないか。それは「立てば歩め」といった親の子どもへの素朴な期待感ではなく、子育てのもつアンビバレントさを引き受けた内実の深さではないか。長い間不登校の親たちと付き合ってきて思うのは、子どもの不登校のすべてが忌避されるべきものでなく、むしろ親としての育ちの豊かさを獲得する大きな契機となっているのではないかと感じることだ。

ただそう考えてもなお私の中に疑念として残るものがある。不登校の問題は、これほどに親子関係の中だけに閉じ込められていいのだろうかということだ。「子育ては親の責任」という暴力的あるいは政治的とも受けとれるテーゼは、いったいいつからこの国の子育ての「常識」となってしまったのだろうか。

文中の事例は、個人情報保護の観点からいくつかの事例を筆者の視点で組み合わせたものである。

【Q&A】

メール打ちを注意したら、生徒に蹴られました。これからどう対応したらよいですか。

Q　中学校の教員になって4年目、社会科を担当しています。先日の授業中のことです。ある男子生徒が、机の下で何かしているようなので、近くに行って確認しようとしたら、さっと何かを隠しました。「何を隠したの。出しなさい」と言うと、しぶしぶ携帯電話を出しました。「持ってきちゃいけないことになってるでしょう。それに授業中なんだから。預かるわよ」と言うと、「うるせぇな。今メール打ってんだから、じゃますんなよ」という反応。カチンと来て「そういう問題じゃないでしょ、出しなさいよ」と少し大きな声で言いました。すると「教室にいなきゃいいんだろ！　ババァ、いちいちうるせぇんだよ。死ね！」と言って出て行こうとするので、「だめだよ、そういうの」と正面に立ちふさがったときに、「どけよ！」と肩を突かれ、左足のすねを蹴られました。そのまま彼は出て行ってしまいました。これって対教師暴力だと思うのですが、学年主任に報告しても、「大変だったね。怪我しなかった？　担任から注意してもらうから」と言われました。釈然としません。今までも何度か同じような軽い？対教師暴力を起こしている生徒ですが、保護者がその都度、教師の対応を批判して、あげくに「学校は子どもを警察に売るのか」と管理職にすごむそうで、こんな対応になってしまうようです。でも、これって街で起きたら事件ですよね。それにこのまま泣き寝入りすれば、また同じことが起きてしまうと思いますし、正直授業にいく気力が出ません。何かアドバイスをお願いします。

A 数年前、ナイフを持っている生徒に注意した女性教員が刺されて亡くなった事件がありました。あのとき、識者や評論家と言われる人たちが、「もう少し違う対し方があったんじゃないか」とか「ふだんその生徒とどんなふうに関わっていたのか」などと論評をしていました。人ひとりの命が失われていながら、高みからエラソーにものを言う人たちに、物を投げつけたい気分になりました。

こうしたトラブルは、ふだん生徒とどんなふうに付き合っていようと、起きるときには起きるものです。いわば、「出会いがしら」のようなものです。対応の是非などありません。起きたことは「起きたこと」なのですから。こんなとき、「この子は、ちょっとヤバイから深追いするのはやめよう」という対応をする先生もいるでしょう。そこには、「事件」は起きません。しかし、以後その先生の授業は「ケータイOK！」の先生になります。フツーの子が、授業中にケータイを使っているときも、注意しにくくなります（ケータイ持ち込みの是非の問題ではありません。集団への対し方の問題です）。あなたの場合、冷静に生徒に対していたように感じられます（私などは、もっとひどいことを言ってしまうかもしれません）。保護者が問題にするとすれば、あなたが彼の前に立ちふさがったという点だけでしょう。もちろん屁理屈です。止めようともしないで生徒が出ていってしまい、「授業を勝手に抜けてしまうんです」と親に言えば、「先生、どうしてしっかり止めてくれなかったんですか」ということになります。よくある話です。

あなたが言うように、これは街で起きれば明らかに傷害事件です。学校としては、「傷害事件」が起きたとして対応すべき問題です。もちろん、即刻警察に被害届けを出すべきなのですが、ふたつぐらいのタイムラグをつくるべきです。まず、生徒に対して「これは傷害事件である」ことを認知させること。先生が立ちふさがろうとふさがらなかろうと、結果として相手を傷つけた責任はとるべきであることをしっかりわからせること。もう一つは、親に対して、保護者として社会的な責任をとるべきであることを伝えること。このふたつは、基本的に管理職が行なうべきです。管理職には、教員が安全に働く環境を保障する義務があります。これは指導の問題としてではなく、管理の問題ととらえるべきです。被害届は出すべきですが、それは管理職が判断すべきです。業務上に起きたことですから、あなた個人の問題ではありません。また被害届を出したからといって、生徒が簡単に変わることはありません。一番まずいのは、あなたが個人として被害届を出したという風説が流れ、あなたに逆恨みが生じることです。そうならないためにも、管理職の毅然たるかつ公正な対応が不可欠です。

もちろん、実際にはそう簡単にはいきません。生身の人間同士のことですし、今までの経緯もあります。しかしどんな事情があったとしても、こうした行為を放置することはいい結果を生みません。

杓子定規な考え方のように感じられるかもしれません。でも学校の中で日々起きている「事件」は、誰かが「事件だ」と言わない限り、「事件」にはなりません。私たちは、そういう場所で仕事をしているんだ、ということを忘れてはいけません。

Ⅲ　学校的「事件」の本質………226

Ⅳ　懲りない「改革」

コロナ禍の学校から「GIGAスクール構想」を考える

▼全国一斉の休校宣言

感染の広がりを前に決定打を打てないでいた安倍政権、2020年2月、安倍の耳元でささやいたのは誰だったか。「全国の学校を一斉に休校にしましょう！ このぐらい思い切ったことをやらないと、総理のリーダーシップは示せませんよ。今はなんとしても思い切りよく大きく網を打つことです」。現憲法では認められていない緊急事態条項がよぎったのか、安倍は菅義偉官房長官（当時）にも相談せずに2月27日、つんのめるように「全校休校」を宣言した。総理大臣にそんな権限はないのに、全国津々浦々に至るほとんどの地方教育委員会は、3月2日から2週間、あるいは春休みまでの異例の休校をすんなり決めた。元々あるとも思えない教育の地方自治など春風とともにどこかに吹っ飛んでいった。

この休校、当初は誰もがせいぜい3月いっぱいだろうと考えていた。しかし政府は東京の新規感染者が87人だった4月7日に緊急事態宣言を発表、休校は宣言の部分的解除の始まる5月半ばから

6月にかけて3カ月に及んだ。日本の学校史上、全国規模でこれほどの期間、すべての校種が休校となったのは初めてのことだ。

年度初めのこの時期、いつまで子どもたちを休ませるのかと、学校＝公的託児所を失った人々からの批判が高まる中、ステイホームを訴えた安倍の、犬を抱き歌に合わせて茶を飲むさまは、サイズの小さすぎるアベノマスクとともに、体調不良を理由に政権から降りるまで失政の象徴となった。結果としてゴールを見誤った立派なオウンゴールであった。ことほどさようにコロナに対する政府の対応は当初よりちぐはぐ、後手に回ったものだった。

▼機を見るに敏なり……文科省はどう動いたか

しかしそんな中、文科省はこの状況を奇貨として、2019年11月に成立させ、2023年までの実施を予定していたGIGAスクール構想の前倒しを打ち出した。学校から渡されるプリントの課題もネタが尽き、長い休校期間に飽いてしまった子どもたちを前に手詰まり感でいっぱいの親たちに対して、萩生田文科大臣は「1人1台の端末」という好餌をさっと差し出したのだった。学校へ来られない子どもたち向けにオンライン授業の取り組みを進めて「学びを保障しよう」という耳当たりの良い惹句は、世間の学校への渇望感を見事に吸い上げた。そのころ、まだテレワークが新しい働き方の福音のように語られていたから「そうそう、子どもたちもオンラインで勉強させればいいんだよ」と皆我が意を得たりとうなずき合ったものだ。

その2カ月ほど前のこと。ベイブリッジの下に停泊していたクルーズ船のことが毎日報道されるようになる少し前のこと。全国指定都市市長会が文科大臣に対して、GIGAスクール構想についての緊急要望書を提出している（1月30日）。児童生徒数が多い指定都市においては1人1台の端末の支給、大容量回線の整備などの実現には巨額の経費が必要であることから、事業期間の延長や、更新費用等への補助、WAN回線部分を国庫補助の対象としてほしいという要望だった。簡単に言えば「GIGAスクール構想の実現を、そんなに急がないでくれ」と訴えたのだった。私の住む横浜は370万人都市。児童生徒数は小中学生合わせて26万人を超える。500を超える学校に大容量の高速ネットワークを敷設するだけでも容易なことではない。図体がでかい分、簡単に動けないと訴えたわけだ。

ブレーキを踏んでくれという要請に対して、文科省はアクセルで応えた。GIGAスクール構想の前倒しこそ学校のコロナ対策の最重要課題であり、何より世間受けが良い。年度内1人1台配布が至上命令となっていく。

▼GIGAスクール構想とは？

GIGAスクール構想の「GIGA」は Global Innovation Gateway for All の頭文字をとったもの。キャッチフレーズを作るのが大好きな官僚の造語だ。「Go To」よりはひねりがありそうに見えるが、直訳すると「みんなのための世界的な変革の入り口」……意味不明である。文科省のHP

にあるＧＩＧＡスクール構想のリーフレットを見てみよう。

「ＧＩＧＡスクール構想の実現へ」と大書されたあとにこれも大きく「１人１台端末は令和の学びの『スタンダード』」とある。続いて小さな文字で「多様な子供たちを誰一人取り残すことなく、子供たち一人一人に公正に個別最適化され、資質・能力を一層確実に育成できる教育ＩＣＴ環境の実現へ」。

「令和の学びのスタンダード」という表現がいかにも軽くとってつけたような印象。「１人１台端末」だけが異様に前面に出ている。現状分析はかなり性急で前のめり感が強い。学校のＩＣＴ環境については「脆弱かつ危機的な状況」と図解入りで説明。活用実態については「世界から後塵を拝している状況」とする。ここでいう「世界」は図解を見ればＯＥＣＤ諸国に限られている。学校外のＩＣＴの利用状況は「『学習外』に比重」があるとして、チャットをする割合はＯＥＣＤ諸国が67％に比して日本の子どもたちは87％超。ゲームはＯＥＣＤ諸国が26％超に対して日本は47％超。学習については言うまでもなく、ＯＥＣＤの後塵を思いっきり拝している。要するに日本の子どもたちのＩＣＴ利用はほとんどがメールとゲームで、勉強には使っていないという結論だ。

そこで「１人１台端末と、高速大容量の通信ネットワークを一体的に整備」することが「多様な子供たちを誰一人取り残すことなく、公正に個別最適化され、資質・能力が一層確実に育成できる教育ＩＣＴ環境を実現する」のだという。さまざまな条件整備の一つとしてＩＣＴの利活用を挙げるならまだしも、とにもかくにも「１人１台端末が令和のスタンダード」なのだから、これさえ実現すれば子どもたちの能力は飛躍的に伸びるというわけだ。

ウソだと思う。まるでガマの油だ。どんな傷でも治してしまう万能、魔法の薬。1人1台端末と高速大容量ネットワークの整備さえあれば、誰一人取りこぼさない素晴らしい教育が実現する！ほんまかいな、である。20年ほど前に、「ゆとりの教育が導入されれば、勉強のわからない子はゼロになる」と言った官僚がいた。彼は「ミスターゆとり」などと呼ばれたが、ゆとり教育が始まっても勉強のわからない生徒はゼロにはならなかった。勉強嫌いな子、苦手な子は増えることはあっても減ることはなかった。ただ観点別絶対評価となったために「評定1・2」の生徒の数は多少減ったが。

ＧＩＧＡスクール構想の中身を見て私の頭にまず思い浮かんだのは、「子どもから高齢者にまでスマホは売れるけれど、パソコンが売れないＩＴ企業を助けようということなんじゃないのか？」。浅慮のそしりをまぬかれないが、たとえそういう面があっても誰も口の端にのぼせない。それどころか、ＧＩＧＡスクール構想は単に「1人1台端末」といった卑小な問題ではなく、もっと遠大な社会構造の大変革の一環として考えられているのだと、最近発表された中教審答申が言っている。一読して「あと付けっぽい」と思った。その遠大な「物語」の荒唐無稽さについてはあとで触れる。

▼長い休校、徐ろに学校が再開していく……現場では（1）

中学校の様子が風の噂となって伝わってくる。入学式は人数限定、短縮版に。広い体育館に入場するのは新入生と教員だけ。父母にとどまらず祖父、祖母までやってくる家族総出の儀式は2019年で終わっていた。春に予定されていた、運動会、修学旅行などの行事のほとんどが延期・中止に。運動部は、春の大会が全面的に中止、吹奏楽部、合唱部などの「密」で活動する部活動はその醍醐味を失っていった。学校に流れる時間はとどまらず残酷だ。中3にとっては最後の夏がすぐそこに迫り、追い越していく。自由に体を動かせないままの生徒らの不満はつのるばかり。

事情は教員も同じ。だれもが経験したことのない課業中の「在宅勤務」。出勤しても、生徒のいない学校では時間ばかりが過ぎていく。掃除でもするしかない。家にいても、勤務時間内には買い物に出るなとのお達し。教員が近所をぶらぶらしている姿を世間に見せてはならない。教委や管理職が恐れるのは不祥事ばかり。教員は現場にからだをもっていってなんぼの仕事。オンライン授業はできないのかという声が聞こえても、インフラがないのだからどうにもならない。そんな中、先生たちが、YouTubeを使って生徒たちを励ます動画づくりにいそしんでいるという話題が報道される。タレントのように踊ったり歌ったりする若い先生たち。テレビで紹介されるものはレベルが高い。「生徒たちに少しでも元気を出してもらおうとやっています」という素直すぎるコメントに「うちのセンセイたちはやんないのかな?」と子どもや保護者たちは言い交す。こういう視線は先生たちにはけっこうイタいものだ。

6月、じわじわと学校再開。友人知人を通して現場から届く声の多くは「とにかく忙しい」。分散登校はそのまま業務を倍加させることであるから当然で、際限のない消毒作業がそこに組み込まれる。授業は人数が半減したぶん同じ内容を2回やることになる。人数が半分になってもやることは半分にはならない。群れたがる生徒たちに「くっつきすぎないで！」「もう少し離れて！」「マスク、ちゃんとして！」。食事は黙々と向き合わずに。こんな状況は戦後75年どころか、日本の近代教育の中ではアソーじゃないけどまさにミゾーユーのことだ。曲がりなりにも営々と続いてきた学校のリズムは、根底から壊れてしまった。「日本型学校教育」と最近では政府のほうが好んで使うようになったこの国の学校の特色は、学校行事も部活動も成立しない中では賛辞もどこかよそよそしく感じられる。それなのに教員の多忙感はいや増しているという。

しかし、悪いことばかりではなかった。目が回るほどの忙しさの中で、何人かの教員が、半数の生徒と行なう授業の気持ちよさ、爽快さを伝えてくれた。教室の広さは、約20坪（60数平米）。そこに40の机といすが置かれ、40人の生徒が空間を占有し呼吸を繰り返す暑苦しさに比べ、半数ともなれば大声を出さなくても生徒に届く自分の声の穏やかさ、たとえマスクをしていても生徒のちょっとした表情の変化に気づける自分の敏感さに「ああ、教員ってこんなにいい仕事だったんだ」と認識しなおしたと興奮気味に語ってくれた教員が何人もいた。

それって人数の問題じゃないんじゃない？　手に取るように生徒のことがわかってしまうってホントにいいことなのかい？などと皮肉屋の私はまぜっかえすのだが、「いやあ、このぐらいの人数がやっぱいいっすよ」と明るい声が返ってくる。分散登校も終わり、通常の状態になると密が戻ってくる。三密はだめと言いながら、教室には今以上に密を高めるようなものが入ってくる。

「令和のスタンダード」が大いなる密をもたらす。この話はまたあとで。

▼教員の働き方改革は始まったか？……現場では（2）

学校がまるで電源を抜かれたような状態にあった2020年4月は実は教員の働き方にとっては重要な画期であった。2019年の改「正」給特法のうち7条「業務量の適切な管理に関する指針の策定」が、この4月から実施されることになっていた（5条関係の変形労働時間制については2021年4月実施）。

2019年1月に中教審働き方部会に出された「公立学校の教師の勤務時間の上限に関するガイドライン」が、4月からは「公立学校の教育職員の業務量の適切な管理その他教育職員の服務を監督する教育委員会が教育職員の健康及び福祉の確保を図るために講ずべき措置に関する指針」という何度読んでも骨接ぎに失敗したような意味不明の文言で「指針」となり、法律の中に位置づけられたのである。いや、法律なのだから「指針」というぼやけた言い方はおかしいんじゃないか？という批判がある。しかし理屈の上では、学校教育は地方自治の理念のもとで政治的中立性と安定性を確保するために、国からも自治体からも独立して設置される地方教育委員会（制度）の上にあるという大原則の前には、中教審答申の実態化としての法律は「指針」とならざるを得ない。形式上、文科省は地方教育行政に直接手をつっこめない。だからことあるごとに各自治体の教育委員会に対して命令とは言えないさまざまな「指針」や「通達」「連絡」などで威厳を示す。しかし地方教育委員会は大枠のところ独自性などほとんどないに等しいし、国庫負担や交付金があるから教委は捧げいただいたものをそのまま現場におろすことになる。国に権限がなくても「一斉休校」と号令が下ればみな右にならう。戦前と変わらない光景が今も全国に広がっている。

しかし、この「骨接ぎ失敗指針」、何しろ国会で審議し結構重要な付帯決議もついて通過しているのだから。中身だってなかなかのものだ。

①「超勤4項目」以外の業務を行なう時間も含め教育職員が学校教育活動に関する業務を行っている時間として外形的に把握することが出来る時間を「在校等時間」として勤務時間管理の対象とする。
②時間外在校等時間の上限は月45時間とする。年間の上限は360時間とする。
③臨時的な特別の事情により業務を行わざるを得ない場合は、月100時間、年間720時間を上限とする（連続する複数月の平均時間外在校等時間は80時間以内かつ45時間超の月は年間6か月までとする）。
④本指針を参考に教育委員会は規則等で上限方針を定める。
⑤留意事項
・上限指針は上限時間まで業務を行うことを推奨する趣旨ではない（45時間まで許容という意味

ではない)。
・(管理職や教員が) 虚偽の記録を残すこと、残させることを禁止する。
・原則として業務の持ち帰りは行わない。
・文科省・服務監督教育委員会は上限方針の実効性を高めるため条例等の整備等必要な措置を講ずる。

などである。今までほぼ野放し状態だった教員の超過勤務を「上限」を定めて抑制していく方向が定められたことが、この指針の一番の意義と言われているところだ。しかし労基法の改正に歩を合わせたとはいえ、大事なところは平仄が合っていない。時間外手当を支払わない代わりに支給される教職調整額4%以外の残業手当は、教員には依然として一切支給されず、その他36協定など当たり前の労基法上の定めも適用されない。何より「時間外勤務」という言葉を使わず「時間外在校等時間」という教員限定の造語でもって、他の労働者と決定的な区別をつけている点で、この指針、骨接ぎ失敗、そのまま骨折状態にある。

中学校の教員の6割が月80時間を超える過労死ラインに達している状況に対し、この指針がはたして歯止めとして機能するのかどうかと、誰もが興味津々この4月を待っていた……というわけではない。業務の見直しどころか新学習指導要領では道徳の教科化、英語学習の導入、プログラミング教育など教育内容の肥大化が進む中では、教員の働き方が一気に変わる画期など訪れようもなく、学校ではほぼ例年通りの日常が流れていくはずだったのではないか。ところがこの4月、学校には子どもばかりか教員の姿もなかったのだ。繰り返すが、教員という仕事はからだをその場にもっていって子どもたちと向き合ってはじめて成立する仕事だ。生徒のいない中での「骨接ぎ失敗指針」は、期せずしてコロナ禍と重なり出発から頓挫したということになる。10カ月を経た今、「指針」について意識している現場管理職はどれぐらいいるものか。教員に至っては言わずもがなである。

▼フェイク「変形労働時間制」

世の中にはさまざまな人がさまざまなテーマで集まる催しがあまたある。私のシルバーな生活でも関心のあるテーマの集まりに出かけることが月に何度かある。しかし3月以降、出席を予定していた集まりは、ほとんどが中止かオンラインに変わった。基本的にオンラインは無理だから欠席ということになる。中に最後まで「対面」を貫いた集まりがあった。

給特法改「正」をテーマにレポート。先ほど述べた「骨接ぎ指針」ともう一つ「フェイク変形労働時間制」について。こちらは2021年4月から効力を発する。何ゆえ「フェイク」か。労基法で定められた「変形労働時間制」とは似ても似つかぬものだからである。

そもそも労基法上、公務員には年間を単位とする変形労働時間制は適用されない。それを法改正によって公立学校の教員にのみ適用する変形労働時間制をつくったのだ。本来の変形労働時間制は、繁閑の激しい業種にあって勤務時間を季節によって調整することで年間を通しての超過勤務を減らそうとするシステムだ。建前は労働者の健康と福祉のためだが、現実的には雇用者が時間外手当支払いを縮減、抑制できる点が大きい。労基法の労働者保護の精神にも悖る性格のシステムだから、労基法はその適用範囲、適用人員、などを労使で詳細に定めることを求め、労使間での協定（36協定）を結ぶことで恣意的な運用に歯止めをかけている。

しかし今般法制化された教員の変形労働時間制は、教員の業務の長時間化に対して、学期中の勤務時間を一定に長くして、その分学期中より勤務時間が短い夏休み中に勤務時間を縮減して休日のまとめ取りができるようにするという「変形労働時間制」なのである。

時間外勤務が日常化している学期中の勤務時間を長くするとどういうことが起きるだろうか。超過勤務の固定化、さらなる延長……。労働時間規制がまったく効かず、時間外労働の野放しが常態化している中に規制のほとんどない変形労働時間制が導入されれば、超過勤務の常態化はさらに激しくなること必定だ。労働環境の悪化は避けられない。これがフェイクと呼ぶゆえんだ。

今次改「正」は、労基法上の変形労働時間制のようにさまざまな歯止め規定があるわけではない。条例で決められる諸条件に労働側が意見を言うシステムはない。地公法55条の「協定」があるが、今ではこれも有名無実、形ばかりのものになってしまっている。

唯一歯止めらしいものと言えば、「骨接ぎ指針」の上限規定が守られていることが導入の条件となっていることだが、その上限が守られる状況（月45時間年３６０時間）がいまどれ程あるかと考えると心もとない。文科省はあの手この手を使って各自治体に変形労働時間制の条例制定を求めているが、条例化が進んでいる自治体はわずかだ。この4月から変形時間制を導入できる自治体はほとんどないだろうし、たとえ条例が出来ても実際にこのシステムを運用することは難しいだろう。仮に導入しようとするならば、徹底して勤務時間管理を行ない上限指針を厳守するか、あるいは厳守したことにするかのどちらかである。

すでにお気づきの向きもあろうかと思うが、給特法の二つの改「正」点、「骨接ぎ」も「フェイク」も現在の学校ではまったくリアリティをもたない。コロナ禍による混乱の中、あちこちから「それどころじゃないよ」という声が聞こえてくる。教委の吏員や現場の管理職が言うのならまだわからないでもないが、この声が現場の一般教員から聞こえてくるのが日本の学校だ。教員が自分の労働条件に無関心なのは、日常の労働において労働時間規制というものがほとんど意識されることがないことによるのだが、その原因は4%の教職調整額の定額だけを支払えばすべて済んだとされるいわば定額働かせ(働きたい?)放題のシステムが50年間現場に居座っているからだ。政府・文科省は業務の見直し、専門職の導入、ボランティアの活用などを提案するが、労基法原則適用は言い出さない。現状でそれをすれば財政破綻となるからだ。それほど日本の学校は教員のただ働きで成り立っているということだ。

▼現場で使えない「教員の変形労働時間制」

8月、全国学校労働者連絡会の文部科学省交渉に出席した。参議院議員会館、会場となった会議室は地下にあるため窓はない。しかし空調は十分効いているし、窓を開ける代わりの換気がなされている。ここは多額の税金の投入によって「密」は避けられ、喫煙室だってしっかり整備されている。

だだっ広い会議室の遠くのほうに、というのは大げさだが、そんなに離れなくてもいいのではと思うくらいのところに坐っている文科省の若手の官僚に、私は今回も質問をしてみた。自他ともに認める一言居士である。

「『指針』の上限規定を超えた場合は、変形労働時間制は実施できないということでいいか?」

若い官僚は顔を少しだけ紅潮させて、「はい。その通りです」

紙の上だけで、あるいはパソコン上だけで考えればそう答えるしかないのはわかる。彼の頭の中にはこの半年の学校の状況など全く入っていないのだろう。実施できないという選択肢はないようだ。月45時間という「時間外在校等時間」が、今までの平時であってもかなり高いハードルであるのに、このコロナ禍の状況下で易々と越えられると思っているのだろうか。自ら策定した法律が現場で使えないという状況をどう見ているのか。

「現状では変形労働時間制の導入は無理だということだよね」

「……」

文科省の提示したタイムスケジュールでは、6月か9月の地方議会で条例制定、年内に必要な規則を整備して、さらに各学校で年間計画を策定することになっているが、地方ではほとんど動いていない。

給特法改「正」の二本の柱、「骨接ぎ指針」と「フェイク変形労働時間制」がともに出発から齟齬をきたしている。いやいやこれもそれもみな予想だにしなかったコロナ禍のせい、そんなことより今はなんてったってＧＩＧＡスクール構想の前倒しですよというのが文科省の中の空気なのだろう。

不十分とはいえ多少とも教員の働き方に関して変化がみられるはずだった２０２０年４月は見事に幻となり、金をかけずに目玉商品としてきた変形労働時間制も使えない。その代わりにコロナによる学校の逆境を跳ね返すべく前面に出てきたのがＧＩＧＡスクール構想ということになる。はたしてＧＩＧＡスクール構想の前倒しは、教員の働き方にどんな影響を及ぼすものか。

▼ＧＩＧＡスクールが現場にやってきた！……現場では(3)

２０２０年も後半になってくると、ＧＩＧＡスクール構想についての報道が目に付くようになる。端末に制限をかけすぎる教育委員会、家に持ち帰ってきた端末の通信費はどうするのかという保護者の声。保管庫から全員分取り出すのに時間がかかる。充電切れもあると教員。３年後あたりに来る機器の更新の問題もある。１人１台は属人、それとも在籍人数？　毎年入学する生徒分新たに支給されるのか？　たぶん違うだろう。

現場の最たる問題は、授業にどうＩＣＴを組み込んでいくか、だ。１人１台を渡してしまえば文科省も教育委員会も仕事の８割は終わり。しかし現場は週１度のパソコン教室での授業というわけにはいかない。文鎮化させないために何としても「端末を使う」ことが求められる。しかし学校の時間の流れにＩＣＴを位置づけるのは簡単なことではない。横浜の独立労組、横浜学校労組の通信はこんなふうに現場の様子を伝えている。

「…教室に45台保管の充電保管庫がやってきた。幅80㎝奥行55㎝高さ１３０㎝、教室の大型テレビぐらいの大きさ？　でかい。電力的に大丈夫なんだろうか？　キャスター付きだけど、大地震発生時に吹っ飛んでこないようにチェーンで壁に固定したりするんだろうか？（大型テレビもキャスター付きのかなり大きくて頑丈な台車に載っていてチェーンで壁に固定されている＝筆者注）端末でもネットワークでもない保管庫だけで、心配は尽きない。／これに加えて「ロイロノート・スクール」というアプリを使うだの、中学校の導入する端末がchromebookに決まりましただの、実際に使ったことのある横浜市の学校関係者がどれほどいるのだろう。…／…40台程度導入されたiPadの中には数年の使用でバッテリーが膨張して画面が浮き上がり……。教室にWin10のＰＣとiPad、職員室にデスクトップのWin8。IPr、ＧＩＧＡスクールで配当されるのはchromebook……同じことを実現したくてもちょっとした操作や設定が異なる。リース切れ＆延長の公務ＰＣも片っ端から故障し始めている。（そもそも学校現場はグラウンド等からの大量の砂ぼこり等もやってくるので、ＰＣの環境としては相当劣悪…）／（…横浜市の）庁内報では具体的な使用イメージやデメリットは伏せたまま「１人１台の端末でぐんぐん学ぶ」とか「分かる！楽しい！をすべての子どもに」など夢のような言葉が並ぶ。大量のＧＩＧＡスクール関係の資料。ごく一部を見ただけなのに、不安と恐怖が押し寄せてくる。これから膨大な「不具合対応」が待っているのだろう。」
（隔月刊『横校労』２０２０年12・1月５２６号）

毎時間多くの授業で端末を使い、自宅まで持ち帰らせて使わせる。子どもたちは1台ずつ端末を持つことで飛躍的にその個別最適に能力を伸ばす……というのがＧＩＧＡスクール構想のイメージなのだろう。そのために越えなければならないハザードがどれほどあるか、越えても越えてもハザードは次々に生まれてくる……端末を配り、高速大容量ネットワークを敷設するだけで解決しない問題が現場には夥しい数あることを忘れてはならない。

▼ＧＩＧＡスクール構想ありきの中教審答申〜新学習指導要領はどこに行った？

冒頭に述べたように、ＧＩＧＡスクール構想の前倒しは、3カ月間の全校休校によってもたらされた欠落感をきっかけに差し出されてきたが、ことはそれほど単純でないことは、２０２０年10月に出された「「令和の日本型学校教育」の構築を目指して――全ての子供たちの可能性を引き出す、個別最適な学びと、協働的な学びの実現（初等中等教育分科会中間まとめ）」を見ればわかる。「中間まとめ」は２０２１年1月26日に中教審答申第２２８号となって正式に発表されたが、この答申に対する違和感が本稿を執筆する動機の一つになっている。

90ページに及ぶ答申を一読して感じたのは、義務制学校のあり方と教員の働き方を論じた「新しい時代の教育に向けた持続可能な学校指導・運営体制の構築のための学校における働き方改革に関する総合的な方策について（答申）（2019年1月答申213号）」に比べ、明らかにその論旨が深み、重みに欠けることだ。

私は答申213号についてすでに論評したが（「教員が我が事を語る言葉を取り返すために――教員の「働き方」改革を問い直す」『現代思想』2019年5月号）、主旨としては、答申の論の展開から導き出される政策については極めて不十分としたうえで、そこで述べられている現状分析については評価しうるとした。長時間労働の常態化による教員の疲弊が頂点に達する中、教員が自分の働き方、勤務時間を意識して子どもに向き合う姿勢への転換を論理的に論じていて、教員のゆとりのある働き方こそより良く子どもたちを育てる基礎となるという、今までにない指摘を行なった点で優れたものだったと考えている。問題はそうした状況を解決する明確な手立て、勤務時間規制の概念を無化してきた給特法の問題や労基法原則適用に言及せず、結果として給特法改「正」――「時間外在校等時間の上限規制」と「変形労働時間制の導入」へと落とし込んでしまったことにあった。

ところがこれに続くと思われた最新の答申第228号は、一転してまったく別の文脈で学校を語り始めた。この答申を貫いているのはICT導入とGIGAスクール構想である。

まず「令和の日本型学校教育」と名付けられた概念についてだが、唐突で取ってつけた感が否めない。「日本型学校教育」については、「学校が学習指導のみならず、生徒指導の面でも主要な役割を担い、児童生徒の状況を総合的に把握して教師が指導を行なうことで、子供たちの知・徳・体を一体で育むもの」と位置付け、諸外国から高い評価を受けているとしている。これは「チームとしての学校の在り方と今後の改善方策について」（２０１５年12月中教審第１８５号）あたりから散見されるようになる表現だが、中教審は一貫してこの「日本型学校教育」を表面的に評価するだけで、その継続の困難さについては取るに足らない弥縫策を挙げるにとどまってきた。たとえば「チーム学校論」（答申１８５号）においては数々の専門スタッフの導入をうたい、「働き方改革論」（答申２１３号）では地域ボランティアに周辺的な役割を担わせるとした。しかし長時間労働と表裏一体としてある日本型学校教育の困難を本質的に解決する方策は示されず、「専門スタッフ」については予算達成率はかなり低く、地域ボランティアに至っては何の担保もない空証文であり、現場丸投げの代物であった。

ことほどさように何ら根本的な改善策を明確にしてこなかったにもかかわらず、「諸外国からの評価」が高いとして「日本型学校教育」を維持したうえで、さらに今次の答申２２８号ではそこに「令和の」とあらたな冠を付け加えてしまった。

答申が言う「令和の」の中身とは何か。社会の在り方が劇的に変わる「Society5.0 時代」の到来と新型コロナウイルスの感染拡大などの「予測困難な時代」、この二つの時代の到来を受けて、「一人ひとりの児童生徒が、自分のよさや可能性を認識するとともに、あらゆる他者を価値ある存在として尊重し、多様な人々と協働しながら様々な社会的変化を乗り越え、豊かな人生を切り拓き、持続可能な社会の創り手となる」というのが「令和の」の中身であり、そのためにＧＩＧＡスクール構想、つまりＩＣＴの活用が必須であるという構造だ。
そのための具体的な方策として①教育振興計画　②働き方推進　③ＧＩＧＡスクール構想　④新学習指導要領を挙げ、実現すべきは「全ての子供たちの可能性を引き出す、個別最適な学び、協働的な学び」としている。

とってつけたと感じられるのは、例えば第三期教育振興計画には「Society5.0 」の記述はないし、働き方改革推進と言ってもここでは答申第２１３号以上の新たな展開は提起されていない。「学習履歴（スタディ・ログ）や生徒指導上のデータ、健康診断情報等を利活用することや教師の負担を軽減することが重要」という記述があるが、これもどこか思いつきっぽさが否めず、教員の働き方については関心が薄れている。逆にＩＣＴ活用が新たな長時間労働を生み出すのではないかといった懸念にも触れられていない。

また新学習指導要領の着実な実施というが、その目玉である「主体的・対話的な深い学び」やアクティブラーニング、プログラミング教育などは後景に沈み、それぞれに配慮をしてつながりがあるかに見せてはいるが、基本的に新たな視点「個別最適な学び」「協働的な学び」のほうが前面に出ていて、つながりが牽強付会に見えてしまうほど、新学習指導要領の色はトーンダウンしている。明らかに「新次元」が意識されており、その大きな指標が「個別最適な学び」と「協働的な学び」という新しい概念なのである。それを実現するための最大のツールがＧＩＧＡスクール構想であるとの展開となっている。

「ＩＣＴの活用と少人数によるきめ細かな指導体制」による「個別最適な学び」の実現であり、そのために大容量高速ネットワークの1人1台の端末が必要不可欠ということになる。実際にＧＩＧＡスクール構想は前倒しとなり、本年度中に各自治体はその実施を迫られている。

それにしてもわからないのは、「主体的・対話的な深い学び」とＩＣＴ活用による「個別最適な学び」の関係であり、「個別最適な学び」と「日本型学校教育において重視されてきた」とする「協働的な学び」の関係である。「令和の」という冠をつけるとこれらが並び立つという形になるようだが、それらの関係は答申では論理的に全く明らかにされていない。そもそも「個別最適」という表現がいかにもいかがわしい。コンピュータ将棋のように膨大な棋譜を瞬時に計算して最適な指し手が出てくるような、いかにもＡＩじみていて私には不気味に感じられる。だからかえってそれに並び立つかのように付け加えられる「協働的」という表現が、体温の感じられないとってつけたもののように見えてしまう。

矛盾があるのにもかかわらず、並置して深く突っ込まない、そしてこれを「二項対立の陥穽に陥らない」と整理する。一斉授業か個別授業か、履修主義か習得主義か、遠隔か対面か、デジタルかアナログか、どちらの良さも適切に組み合わせて生かしていく、それを「ハイブリッド化」などと表現しているが、言葉遊びの域を出ない。そうした矛盾は次のような表現にも顕著である。

「教師による対面指導や子供同士による学び合い、多様な体験活動の重要性が一層高まる中で、ＩＣＴを活用しながら協働的な学びを実現し、多様な他者とともに問題発見、解決に挑む資質・能力を育成する」。ICTの活用は「個別最適な学び」であるのに、「協働的な学び」まで実現するという。そんなに事がうまく運ぶというなら、その具体的な方法、道筋を見せてほしいものだ。相矛盾するもの、結びつかないものを並置してあたかもそれらがICTを活用すればうまく結びついて新たな段階に進むかのような誤解を生じさせる。そうして結論は、ICTは令和の時代にあっては必要不可欠、「これまでの実践とICTを最適に組み合わせることで、学校教育における様々な課題を解決し、教育の質の向上につなげていく」というのである。またまた「最適」である。最適に組み合わせる方法を明示することなく「最適」を連呼するところにこの答申の中身の薄さがある。

総じてとにかくまずICTありき、GIGAスクール構想ありきで書かれた答申であり、少なくともここ数年の一定程度学校の現実を踏まえた議論にはなっておらず、きわめてレベルの低い答申と言わざるを得ない。答申228号には答申213号にあるような現場のあり方、現状に真摯に耳を傾けようという姿勢はなく、どこかほかでつくられたものをそのままなぞりながら、そこに新学習指導要領をかぶせたに過ぎないのではないか。そう思わせるものが実際にある。

▼現場では(4)授業の風景　思いがけないカミングアウト

閑話休題。学生全員の教育実習が終わり、特活や生活指導をめぐるロールプレイングに入る事前の学習の中で、「いじめいじめられ体験」について書いてもらった。例年、同じようなことをしているが、「いじめ」や「傍観者」体験は出てくるが、「いじめられ」体験はほとんど出てこない。たとえあったにしても通りすがりのような授業の中で表ざたにできるほど「いじめられ体験」は軽くないということだ。

オンライン（zoomによる同時双方向）授業の中では様子が少し違った。いじめられ体験を書いた学生が三分の一ほどもいたのだ。オンライン授業の独特の距離感のなせるわざだろうか。とりわけある女子学生が書いた文章は、周囲の学生の一人ひとりに際立った反応を促すものとなった。本人にとっても周囲にとっても衝撃的なカミングアウトとも言うべき文章は次のようなものだった（以下、学生の文章の掲載については学生の了承を得ている）。

・あまり思い出したくないのですが、今でも忘れられない出来事があります。小学六年生のころ、私を含めいつも一緒にいた四人グループがありました。その中にいた二人がある時喧嘩をして、いつしか片方の子はクラスリーダーっぽくしていた女の子と組んで、もう一人の子を無視するようになりました。リーダーの子に逆らうと怖いので、クラスの女の子の大半は一緒になってその子を無視しました。／私は当時、なぜか異様に正義感が強かったので、無視するのはおかしい、何が気に入らないのかちゃんと話し合うべきだと考えて、担任の先生がいる中で放課後話し合うことを提案しました。／担任の先生は当時おそらく六十歳くらいの女性の先生で、リーダーの子をとても気に入っていました。／話し合いが始まると、無視を始めた子とリーダーの子は、「無視などしていない」と主張しました。私は無視されている子の肩をもってその意見に反論しましたが、聞き入れてもらえませんでした。／先生は、一連の話し合いを聞き、私に対して二人に謝罪するよう言いました。「無視をしている」という嘘をついたこと、そして話し合いの場を設けてまで二人を悪く見せようとしていることについて、謝りなさいと言われました。／私は嘘などついていないと言いましたが、最後は二人に対して謝罪をしました。／先生には「せっかく仲のいいクラスなんだから、あなたも優しくしなさい」と言われました。／帰り道、無視をされている子と二人で、悔しくて、情けなくて泣きながら帰りました。／話し合いをすれば、状況は良くなると子どもながらに信じていて、でも子どもだけじゃどうしようもないから、大人に言えば助けてくれると思っていましたが、それを否定された気分になり、その子に対して申し訳ないという気持ちと、自分の判断は全て間違っていたという後悔が生まれました。／今でも何が正しかったのかよくわかりませんが、あの時の先生に対しては嫌悪感しか残っていません。

この文章についてオンライン授業の中で議論を行なった。少し長くなるが、「振り返り」に書かれた学生の反応を紹介する。

・小学生の時、それまで仲良く話していた友達を無視したり、同じスポーツチームの友達にゴミを投げつけたり、とてもひどいことをしてしまったといまでも後悔しています。こうしてイジメを主導していたツケが回ってきたのか、自分が綱役にさせられ頭と足を引っ張られる人間綱引きや、胴上げのように体を持ち上げられ、そのまま床に叩きつけられるなどをされた経験もあります。／小学生というまだ発達途中の生徒が、決意を持って相談した内容に対して、どんな形であれこういった想いをさせるような終わらせ方を教師がしてしまったのは、一番やってはいけないことなのではないかと感じた。私がもしこの人の立場だった場合、中学高校と教員に対して絶対に良いイメージを持たず、悩み事や不安なことを相談できなくなってしまったと思います。

・先生の対応がまず悪いと思った。まず相談した時にはなしを聞いておくというのも大切なことだ。それなのに、ただ平然とした対応をとるというのは、生徒からしたら悲しいしなぜ相談したのだろうという気持ちになるはずだろう。また、自分の思い込みや、自分の意見が正しいと思うのはまず間違っている。教師は神という立場ではなく、生徒と同じ時空間を共有している大人として考えていかなければならないことを認識していなかったなと感じた。

・この文章を読んで、一人の生徒が助けを求めているのにお気に入りの生徒を信じるという教師の対応には驚きを隠せませんでした。教師として絶対にあってはならないことだと思うし、ありえないことだと思います。教師は話し合いをするという時点で、もっと大ごとだと理解するべきだったのではないかと感じました。文章を読んでいて、この文章を書いた人よりもうそをついた二人はもっと後悔しているのだろうと思いました。

・教師は様々な場面において平等についてしっかりと考えなくてはならないと認識しているため、いじめやけんかなどを見る際には中立的な立場で物事を判断すべきだと思う。この事例では、まず教師が両者の意見をきちんと聞き入れたのかに疑問を感じた。そのうえで、やはり守るべきはいじめられたと感じているほうなのではないかと思う。また、授業内でも発言があったが、この教員は学級内の状況を普段から観察することを怠っていたのではないかと思う。普段からよく見ていれば、学級内でそのような変化があったことに早く気づき、問題が大きくなる前に収めることができたのではないかと思うし、ましてや小学校の教師ならば、毎日授業も受けもっているはずだから、その変化に気付きつつも見て見ぬふりをしてしまっていたのではないかと思った。自分が教師になることを考えて、まずは決めつけや思い込みを行なわないように、しっかりと中立的な立場で考えられるようにしたいと思う。

・まずこの話を聞いて非常に憤りを感じた。弱者が強者に対して助けを求めるとき、強者は弱者のことを何よりも信頼し、慎重に言葉を選び動かなければならない。これはいじめだけでなく、痴漢犯罪や強制わいせつなどの犯罪についてもよく聞く話だ。「そんな服を着ているから」という言葉はまだしも、「嘘なんじゃないか」などと、疑われて助けてもらえなかったという話を聞いたことがある。助けを求める人には必ず手を伸ばさねばならない。それも慎重に。

・私が知っている限りでは、学生時代いじめにあったことや、みたことはありませんでした。とても幸いであったと感じますが、実際に教員として働く身としては多くのいじめについての例を知っておくべきだと思い、今回の授業はそれが知れたためとても有意義でした。この文章の感想としては、聞いていて非常に心苦しかった。いじめと一言に言っても、生徒間だけではなく、今回の事象は特に教員から生徒に対してのいじめであると感じた。教員は生徒の人生を背負っていることをしっかりと嚙み締めて忘れずに、これから先働いて行けたらと感じた。

教育実習直後であったこともあり、生々しいカミングアウトに学生はみな衝撃を受けていたと思う。互いに率直な言葉のやり取りに私自身も感銘を受けた。この学生は「振り返り」に次のように記す。

私の体験を授業で取り上げてくださり、ありがとうございました。当時先生に叱られてから、いくら同じグループだったとはいえ、いじめの当事者でもない自分が出しゃばったのが悪いのだと思い、今回の授業で話すまで、親にも話さず自分の中で完結させていました。今回それを吐き出せたので、少し気分がスッキリしました。私も来年から教職に就きますが、自分が経験したことを子供達にはさせないように心がけたいです。

私のコメントは以下の通り。

長い時間がかかりましたが、「解決」にたどり着けて良かったと心から思います。あなたはこの出来事をあなた自身の中で「完結」させていたと言いますが、実はこの十年間、あなたは無意識に何度も何度も「あれはなんだったのか」と自分に問いかけてきたのではないでしょうか。そしてようやく自分を責めるのではなく、また先生を憎むのでもなく冷静に「やっぱり先生のほうが間違っていた」と思えるところにいつしかたどり着いた、だからこうして言葉にすることができたのでしょう。これは、あなた自身が自分を育てる中で摑んだこと。授業とはいえ、このことを書いた時にあなたはすでに一つの「解決」を手に入れていたということですね。教員になろうとしているあなたにとって、この経験は仕事をする上での核のようなとっても大切なものになっていくのではないでしょうか。

どうしてこのような繊細でウエットな話題が、画面上でしか会ったことのない人たちの間で展開したのだろうか。ＩＣＴ空間のなせるわざと考えていいのかどうか、私にはまだよくわからないままなのだが、この独特の距離感が学校の中で肯定的に利用されるシーンがあるのではないか、手触り感のない、人の温もりの薄いといわれるＩＣＴ空間の可能性をあえて考えてみたいと思った。

▼荒唐無稽、すべての課題が解決するSociety5.0とは何か

答申第２２８号に戻る。先ほども触れたが、答申の冒頭には耳慣れない言葉Society5.0が出てく

る。よくよく考えてみれば、このSciety5.0という概念がＧＩＧＡスクール構想の発端となっていることに気づく。Society5.0は２０１６年に12月に閣議決定された「第５期科学技術基本計画」で登場した概念である。その内容は内閣府のＨＰに詳しい。簡単に概略を追ってみる。

ここではSociety5.0を「サイバー空間（仮想空間）とフィジカル空間（現実空間）を高度に融合させたシステムにより、経済発展と社会的課題の解決を両立する、人間中心の社会（Society）」と位置付けている。この何ともひっかかりのない安直さが嘘くさい。

人類社会の発展の段階をSociety1.0 ＝狩猟社会、Society2.0 ＝農耕社会、Society3.0 ＝工業社会、Society4.0＝情報社会と規定する。現在は、情報社会段階にあるとする。そして現在の社会が抱える問題を以下のように整理する。

これまでの情報社会（Society 4.0）では知識や情報が共有されず、分野横断的な連携が不十分であるという問題がありました。**人が行なう能力に限界があるため**、あふれる情報から必要な情報を見つけて分析する作業が負担であったり、年齢や障害などによる労働や行動範囲に制約がありました。また、少子高齢化や地方の過疎化などの課題に対して様々な制約があり、十分に対応することが困難でした。

Society5.0が実現すると、**IoT（Internet of Things）で全ての人とモノがつながり**、様々な知識や情報が共有され、今までにない新たな価値を生み出すことで、これらの課題や困難を克服します。また、**人工知能（ＡＩ）により、必要な情報が必要な時に提供されるようになり、**ロボットや自動走行車などの技術で、少子高齢化、地方の過疎化、貧富の格差などの課題が克服されます。社会の変革（イノベーション）を通じて、これまでの閉塞感を打破し、希望の持てる社会、世代を超えて互いに尊重しあえる社会、一人一人が快適で活躍できる社会となります。…

…今までの情報社会では、人間が情報を解析することで価値が生まれてきました。Society 5.0では、膨大なビッグデータを人間の能力を超えたＡＩが解析し、その結果がロボットなどを通して人間にフィードバックされることで、**これまでには出来なかった新たな価値が産業や社会にもたらされることになります。**…（ゴシックは筆者）

Scietv5.0が実現すれば、結論として「経済発展と社会的課題の解決が両立する」のだという。「新たな価値」の創出が「地域、年齢、性別、言語等による格差」をなくし、「モノやサービスを、必要な人に、必要な時に、必要なだけ提供されるとともに、社会システム全体が最適化」されるという。「個別最適化された学び」の淵源はここにあった。

私が子どもだった昭和30年代、少年雑誌の冒頭のページを未来社会の想像図が明るくにぎやかに飾っていた記憶がある。そこでは高度なテクノロジーの発達により日本は経済的にも豊かになり、明るい未来が約束されているようで胸を躍らせたものである。そこには公害も貧困も格差も差別もなくなるという単純なテクノロジー信仰があったが、その能天気な夢物語の荒唐無稽さはこのSociety5.0にも共通している。違うのは、「未来社会想像図」が載っていたのは少年漫画雑誌であり、Society5.0は政府がその実現を標榜していることだ。

もうひとつこれに似た既視感を感じるのは、戦後10年の1955年から2年間、全国10カ所で開催された原子力平和利用博覧会である。CIAと読売新聞社などが結託し、博覧会によって世論操作を強力に進め日本の原爆の記憶を払しょくし、原子力の平和利用としての原発建設を推進しようとしたきわめて政治的な動きである。第五福竜丸事件の直後であったにもかかわらず、この原子力礼賛は功を奏し以後日本は原発大国となっていく。

原発とICTを全く同義に考えるつもりはないが、これほど単純で深みのないICT礼賛はどこからきているのだろうか。IoTによって発展し潤うのはだれか。総額4000億円にも上るというGIGAスクール構想によって最も利益を受けるのはだれか。社会のごく一部での経済発展は見込めるだろうが、「社会的課題の解決」がIoTによってすべて解決するなど小学生だって信じない。日々増殖するさまざまな社会的差別、非正規雇用の増大などの労働問題、普天間・辺野古に端を発する多くの米軍基地問題、原発事故の後始末、汚染水問題や燃料の処理問題など山積する課題が一挙に解決するなどとはよく言ったものだ。穴だらけの巨大な風呂敷ともいうべき代物である。逆の言い方をすれば、こうした怪しげとしか言いようのない風呂敷を広げなければならないほど、この国の閉塞状況は底が深いということなのだろう。

▼「個別最適化された学び」とは何か

内閣府のＨＰは教育、学校についてはは触れていない。Society5.0が学校教育に関わって現れるのは、２０１９年４月、文科大臣の中教審への諮問である。ここではそれこそ唐突に「Society5.0時代には①読解力や情報活用能力②教科固有の見方・考え方を働かせて自分の頭で考えて表現する力③対話や協働を通じて知識やアイディアを共有し新しい解や納得解を生み出す力が必要」（「あたらしい時代の初等中等教育の在り方について」）などと言及されている。この諮問は新学習指導要領提示の３カ月後のことである。そしてこの一年のコロナ禍を経てその「回答」が答申第２２８号として出てきたことになる。「予測不可能な時代」を実感する社会にＩＣＴの積極的活用によって新しい生活様式を求める流れがあることもあって、２２８号答申はそれも含めて安っぽい「令和の日本型学校教育」をぶち上げたのである。

しかしよくよく調べてみると、この文科大臣諮問がSociety5.0と教育、学校の関わりの嚆矢ではない。先にも触れたように答申第２２８号の唐突さ、とってつけ加えた感、そしてなぞり感を考えるとき、忘れてはならないものがある。それはこの間、常に中教審に先行して提言を行なってきた教育再生実行会議の存在である。２０１８年８月、安倍は教育再生実行会議に対してこう発言して提言を求めている。

…今日、わが国では人生100年時代や人工知能、IoT 等の技術革新などが進展する Society5.0 といった新たな時代が到来しつつあり、多方面で活躍する人材の育成が急務となっています。このため新たな時代に対応した学校教育はどうあるべきか、生涯にわたって求められる能力はどのようなものかについて、検討する必要があります」（官邸HP、2018年8月3日）

この諮問を受けて中教審に先駆けて出されたのが、2019年の「第十一次提言」である。この提言の概要「技術の進展に応じた教育の革新、新時代に対応した高等学校改革について」の中で Society5.0 とICT教育の関係は次のように述べられている。

「技術革新は、社会構造全体までも変えるインパクト。教育においても一人一人の能力に応じて公正に個別最適化された学びや、場所や時間に制約されずに主体的に学び続けることが出来る環境を実現し得るもの」「学校のICT環境は脆弱であり危機的な状況。ICTは教育の『マストアイテム』であるとの認識を関係者が共有し、整備の加速化が急務」としたうえで具体的な提言として Society5.0 で求められる力と教育の在り方、学校における働き方改革、新たな学びとそれに対応した教材の充実、新たな学びの基盤となる環境整備・EBPM（Evidence-based policy making　証拠に基づく提案＝筆者注）の推進等々が挙げられている。

「個別最適化された学び」はこの提言が最初に使用した言葉であり、答申第228号はこの提言を前提、下敷きとして書かれている。第11次提言の末尾にはその内容について「今後中央教育審議会において、制度化に向け専門的実務的に検討」すべしとある。大枠は教育再生実行会議が示した、細かい点は中教審がやればいいということだ。文科大臣の諮問機関の中教審が内閣に設置された教育再生実行会議の下に位置付けられる。80年代の臨教審以来、教育は文科省に任せておけないという風潮がここまで来てしまった。その下請け中教審が「専門的・実務的」に検討した結果が答申第２２８号だ。

この答申に何の深みも重みもないのは、諮問を受けて分科会で何度も議論を重ねたのではなく、アウトラインである教育再生会議の第11提言に平仄を合わせるように新学習指導要領をかぶせてみただけだからだ。新学習指導要領だけでなく教育振興計画や教員の働き方改革などを盛り込もうとしても、もともと無理があるのだ。何より重要視されているのは、Society5.0によって導き出されたＧＩＧＡスクール構想がコロナ禍によって後押しされ、どれだけ早く確実に実現されるか、だけなのである。

こうしてみてくると、これまで文科省は、さまざまな予算措置を求めてもけんもほろろに財務省にけられ、形ばかりの概算要求で終わっていたのが、Society5.0に食い込むことによって官邸、内閣府、経済産業省の路線に歩を合わせ「1人1台端末」で耳目を引くことが出来たことがよくわかる。三流官庁からの脱皮のためには、中教審や新学習指導要領などいくらでも差し出すということなのだろうか。

▼終わりに

未曽有のコロナ禍の中、自分のおかれた場所を定点として、見聞きし考えてきたことを記してきた。本稿執筆の動機は文中でも触れたが、この1月に出された中教審答申とＧＩＧＡスクール構想の前倒しへの強い違和感と疑念である。稚拙で荒唐無稽としか言いようのないSociety5.0に乗っかり、1人1台の端末と大容量高速ネットワークを前面に押し出したＧＩＧＡスクール構想は、数年後に破綻するか大きな見直しを迫られるだろうと私は考えている。理由は簡単である。現在の学校の中にＩＣＴ全面展開のためのインフラがないからである。

たとえば中学3年の教室を想像してみるといい。60平米余（20坪）の広さに大人とほぼ同じ体格の生徒40人、そして40個の机と椅子がならぶ。教室後部には鍵のつかない全員分の小さなロッカー。教室の前のほうには後付けの大型テレビ。黒板の前に置かれた教卓と最前部の生徒の机の間は、50㎝空けばいいくらい。密にならないように机の間の距離を取ろうにもなかなか取り切れないのが現実。ここで食事も着替えもするのだ。ようやく多くの自治体で教室にエアコンが入るようになったとはいえ、この密集のなかでは換気は欠かせない。グラウンドからは大量の砂埃も教室に入ってくる。ここに大型のＰＣ充電・保管庫が入り、それぞれがＰＣを使用する。指示通りに動かないのはＰＣだけではない。思わぬ動きをするのが子どもだ。機器の不具合ならばサポート要員がいれば頼めるが（どの程度のサポートが期待できるのかはわからないが）、機器の扱いの粗雑さや友達同士のトラブルによる破損、故障、持ち帰りによる盗難、紛失への対応は教員の仕事だ。端末の消毒も必要だ。電磁波過敏症と言われる生徒への対応をどうするか、高周波電磁波は発がん性があるという指摘もある。ディスプレイのブルーライトの問題、さらに小学校一年生にも1人1台端末が配られるが、小さいころからのＩＣＴ機器の頻繁な使用が体や脳にもたらす問題はないのか。

最も重要な授業での使用だが、いったいどのくらいの頻度でＩＣＴが使用されるのか。学習指導要領には具体的な記述はない。各学校が教科、領域横断的なＩＣＴ使用計画をつくることになるとすると、これは簡単なことではない。なにより教員の側のＩＣＴ活用の技術の問題がある。

クリアしなければならない問題は限りない。ＩＣＴを学校がしっかりと受け取めるためには電磁波対策や空調等の教室環境の整備、30人学級の全学年での実施、教員の研修時間の確保、デバイスの更新とメンテナンス、サポート要員の拡充などの多くのインフラが必要だ。それがなければいずれＰＣは文鎮と化す。ＩＣＴをすべて否定するつもりはない。学校の中でＩＣＴが現実的に必要とされ、その意義を実感される場所はどこか。オンラインの独特の手触り感のなさと距離感がかえって有用となることもある。必要なところに十分な手立てをとることだ。

もう一つ気がかりなのは、長引くコロナ禍とＧＩＧＡスクール構想の前倒しによって、教員の働き方がさらに泥沼化するのではないかということだ。各地で教員採用試験の競争率は下げ止まらない。いずれ定員を割ってしまう自治体も出てくるのではないか。そうなってしまってからの立て直しは難しい。学校をまともな働き方のできる場所にすればいいだけだ。

ほとんど報道はされないが、２０２０年の秋から冬にかけて学校現場はコロナに苦しめられている。部活の対外試合、あるいは塾通いの中でコロナに感染、無症状のまま登校を続けている間に生徒や教員に感染が広がるというケースが多いようだ。神奈川・横浜は今回の緊急事態宣言が出される直前に、保健所による全面的な積極的疫学調査＝濃厚接触者の調査の対象を重点化するというかたちで、事実上「撤退」した。医療関係施設や高齢者福祉施設は「高優先」、学校は「中優先」となっているが、保健所の動きは鈍く生徒への調査は不十分なままだ（３７０万都市の横浜に保健所は18しかない。35万人を擁する港北区にも１つ。全国規模でみても保健所の数はこの30年間で４００カ所近く45％減っている。神奈川県は2月10日に調査を再開しているが、最も感染者の多い時期に調査ができないのは保健行政の構造的な欠陥である）。感染経路が見えなければ予防はできず、学校は消毒と三密を避けることに注力するしかない。生徒全員がＰＣＲ検査を受けたという学校もあるが、教員が数名感染しても授業のカットに及び腰という学校もある。感染の数の多さの前に一貫した対策が取られていないのが現実である。

ワクチン接種が始まったとはいえ、今後も予断を許さない状況が続くだろう。休校しない限り子どもたちの密集、密接を避けるのは難しい。その意味で小学校2年生からの8年もかかる35人学級の順次実施は決定的に不十分である。すぐにでも全学年での実施を行なうべきである。財源はＧＩＧＡスクール構想の４０００億円があったのだが。

【Q＆A】

体重や身長って個人情報じゃないんですか？

Q　ご無沙汰しております。（略）突然その三年女子が「これって担任の先生も見るんですよね！」って言いながら泣き始めたんです。（略）初めは何のことかわからなかったのですが、それが体重の記録のことだったんです。（略）要するに、大好きな若い担任の先生に自分の体重がわかってしまうのがいやだ、と言うんです。（略）わたしも、だからって担任の先生に「見ないでください」って言うのも変だし。（略）次の日、母親がきて「先生、体重や身長というのは個人情報じゃないんですか？　それをどうして学校は強制的に測って記録を残したりできるんですか？」（略）強制かなぁ、という感じもするんですが、いままでそんなこと言われたことないんで、どう答えていいかわからなくて、「私に言われても困ります」って言ったら「無責任！」って言われちゃいました。これって無理難題要求では？　何かいい知恵があれば教えてほしいのですが。

A　一見すると「無理難題要求」のようにも見えますが、もしかするとこの問題、学校とか教育というものの本質を衝いているのではないかと思います。というのも、身体測定は、近代になってから始められたもので、国家と教育という面から考えるととっても重要なものを含みもっているからです。

現在、学校で行なわれている身体測定は、かつて「身体検査」と呼ばれていました。そしてその発想のおおもとは「徴兵検査」であるといわれています。徴兵検査は、「国」という概念のなかった時代（近代化以前の「くに」は、相模や三河などの地方を表すことばで、「日本国家」を表してはいませんでした）から、新たに国民国家として欧米列強に伍していくための軍隊をどうつくるかが問われた際、「あるべき兵士像」の一つの基準としてつくられたものと言えます。その学校版が「身体検査」であったのでしょう。これは「一旦緩急アレハ義勇公ニ奉シ」（教育勅語）するための国による身体管理と言えます。一方、天皇を頂点とする神道を軸とした徹底した洗脳教育＝臣民化教育は、国による心の管理ですね。

近代国家を急造するために、明治政府はこの二つを軸に国民管理を始めたわけです。この管理が70年ほど続いたあと、戦争が終わります。もちろん徴兵検査はなくなりました。しかし、身体検査は、身体測定・健康診断と名前を変え、引き続き学校の中で行なわれてきました。

身体測定・健康診断を義務づけている法律は、学校保健法です。そしてその細目については、学校保健法施行令や学校保健法施行規則で決められています。その目的は「……生徒、学生、及び幼児並びに職員の健康の保持増進を図り、もって学校教育の円滑な実施とその成果の確保に資する……」とされています。学校において測定や診断を行ない、何か問題がある場合は、学校が保護者に対し受診を要請することになっています。

しかし、ここに問題はないでしょうか。まず、健康についての考え方は、本来個人のものなのに、身体測定はその時代がもつ健康観のようなものが前提となっていることです。たとえば、虫歯は歯磨きを励行すれば防げるという大前提から、歯牙検査（これもすごい言い方）を行ない、受診勧告を行ないます。しかし、実際にはどんなに歯磨きをしても虫歯になる人はなるし、ならない人は歯磨きなどしなくてもならないのです。つまり、遺伝的な傾向が強いと考えられますが、いったん歯磨きを励行した以上、今さら歯は磨いても磨かなくても同じ、とは言えませんし、いまだにクラスごとに歯磨き競争などをしている学校もあるようです。いろいろな意味で「歯はほどほどに磨く」のが大切だと、私は思うのですが。

時代の健康観という点では、成人病を「生活習慣病」と言い換えることもそうですね。さまざまな疾病は年齢的なものではなく個人の生活習慣がきちんとしていないから罹患するのだ、というわけです。メタボリック症候群なども同様で、健康に関することに国や厚生労働省が口を出すのは、医療費の問題など国策と切っても切れないつながりがあるからです。最近では、「食育」という気持ち悪い言葉がはやっています。早寝、早起き、朝ご飯をしっかりしていれば、アタマもよくなるというのです。想像力の欠如だと私は思います。さて、身体や心について、国（公け）がどこまで口を出していいのか。身体は個人のものです。戦後の貧しい時期においては、学校が代わりに健康診断をすることで、最低限の健康を守るという役目を果たしたことも事実ですが、これほど個人情報云々が叫ばれる時代に個人の大量の情報を12年間にわたって学校が継続的に管理する必要はないだろうと思います。今学校では、教員の自宅の住所や電話番号を生徒や保護者に伝えないことがふつうになってきています。また、逆に教員が、保護者の職業を知らないのも当たり前になってきています。そんな時代に、一人ひとりを体重計に乗せたり、「あご引いて」なんていいながら身長を測るなんてする必要はないと思います。多くの家庭で身長計はなくても体重計ぐらいは置いてあるのですから。実際、学校で調べた体重と身長が今まで何かの役に立ったこと、ありますか。私は、現在行なわれている身体測定・健康診断もやはり、戦前戦中の徴兵検査同様、国家が個人を管理するシステムであることは否めないと思います。ですから、その母親の意見に、私は賛成です。

とはいえ、法律で定められていることですから、来年からウチはやめるわ、というわけにはいかないでしょう。あなたが、これを読んで少しだけなるほどなぁとお思いでしたら、養護教諭として身体測定はなぜするんだろうという授業をしてみてはどうですか。今はもう測っていませんが（2014年に測定廃止）、座高はなぜ測っていたのかなんてとっても面白いですよ。

初出一覧

Ⅰ

「いびつ」な学校に臨んで（2014 年　現代思想　4 月号）
不寛容の学校（2015 年　現代思想 4 月号）
東須磨小学校の教員いじめを内なるものとして見つめる（2020 年　福祉労働　春）
Q&A　パワハラなんて怖くない！（月刊　横校労　445 号）

Ⅱ

工場化する学校（2016 年　現代思想　4 月号）
教員の長時間労働を招いた「日本型総合的指導」と「チーム学校論」（2019 年　わたしたちのホンネで語ろう教員の働き方改革　日本評論社）
「変形労働時間制」を導入しても超過勤務は減らない（2019 年　わたしたちのホンネで語ろう教員の働き方改革　日本評論社）
道徳教育は必要か？（2019 年　わたしたちのホンネで語ろう教員の働き方改革　日本評論社）
Q&A「法律が変わった」とウソをつく上司（月刊　横校労　473 号）

Ⅲ

「誰でもいい、殺してみたかった」（2014 年　飢餓陣営　41 号）
学校という空間、教師と生徒という関係（2015 年　飢餓陣営　42 号）
「生活記録ノート」はなぜ届かなかったのか（2016 年　飢餓陣営　43 号）
不登校の子どもをもてあます親たち（2017 年　こころの科学　193 号）
Q&A　メール打ちを注意したら、生徒に蹴られました。……（月刊　横校労　360 号）

Ⅳ

コロナ禍の学校から「GIGA スクール構想」を考える（2021 年　現代思想　4 月号）
Q&A　体重や身長って個人情報じゃないんですか？（月刊　横校労　410 号）

[著者紹介]

赤田圭亮（あかだ・けいすけ）

1953年福島県生まれ。都留文科大学文学部国文学科卒業。横浜市の四つの中学校で38年間、現場教員として働く。そのかたわら独立系の教員組織、全国学校労働者組合連絡会（全学労組）事務局長、横浜学校労組執行委員長を歴任する。現在、日本大学文理学部非常勤講師。著書に『サバイバル教師術』（時事通信社）『不適格教員宣言』（日本評論社）『教育改革とは何だったのか』（日本評論社）。岡崎勝氏との編著書に『わたしたちの教育再生会議』『日本の教育はどうなるか』『わたしたちのホンネで語ろう　教員の働き方改革』など。他多数。

装丁 ……………佐々木正見
DTP制作………勝澤節子
編集協力 ………田中はるか

教員のミカタ
「理不尽」をやっつける柔軟な思考と現場の力

発行日❖2022年7月31日　初版第1刷

著者
赤田圭亮

発行者
杉山尚次

発行所
株式会社言視舎
東京都千代田区富士見2-2-2 〒102-0071
電話 03-3234-5997　FAX 03-3234-5957
https://www.s-pn.jp/

印刷・製本
㈱厚徳社

ISBN978-4-86565-230-7 C0336

言視舎刊行の関連書

[シリーズ現場から]

978-4-86565-226-0

「車いすの先生」、奮闘の記録

彼はなぜ担任になれないのですか

障害があり「車いすの先生」三戸学さんは中学の数学教師歴22年だが、何度希望しても担任になることができない。「学校の合理的配慮」という理不尽、内実のない「障害者との共生」や「教員の働き方改革」を問い直す問題提起の書。

佐藤幹夫著

四六判並製　定価2200円＋税

978-4-86565-126-3

いじめの解決 教室に広場を

「法の人」を育てる具体的な提案

大人はいじめを解決できない！　スクールカウンセラーを増やしても、いじめはなくならない。教室に広場をつくり、子ども自身の手で「法」を運営できる「法の人」を育てる。その具体的な方法を提案する。

村瀬学著

四六判並製　定価1700円＋税

978-4-86565-120-1

『君たちはどう生きるか』に異論あり！

「人間分子論」について議論しましょう

感動の古典的名作といわれ、漫画とあわせて大ベストセラーになっている吉野源三郎『君たちはどう生きるか』、この本が生き方の模範のようにされていることに異論あり。作品の人間観、問題のすり替え、英雄礼賛等を丁寧に分析。

村瀬学著

四六判並製　定価1300円＋税